ZAILUSHANG / MINGZHU / SHENDU / YUEDU / DE / YANJIU / YU / SHIJIAN

在路上 ZAILUSHANG

名著深度阅读的研究与实践

钟宪涛 著◎

中国海洋大学出版社

·青岛·

图书在版编目（CIP）数据

在路上：名著深度阅读的研究与实践 / 钟宪涛著
. 一青岛：中国海洋大学出版社, 2023.6
ISBN 978-7-5670-3462-4

Ⅰ.①在… Ⅱ.①钟… Ⅲ.①阅读课－中学－教学参考资料 Ⅳ.①G634.333

中国版本图书馆CIP数据核字（2023）第059933号

出版发行	中国海洋大学出版社		
社　　址	青岛市香港东路23号	邮政编码	266071
出 版 人	刘文菁		
网　　址	http://pub.ouc.edu.cn		
电子信箱	2586345806@qq.com		
订购电话	0532-82032573（传真）	电　　话	0532-85902349
责任编辑	矫恒鹏		
印　　制	日照日报印务中心		
版　　次	2023年6月第1版		
印　　次	2023年6月第1次印刷		
成品尺寸	170 mm × 240 mm		
印　　张	16.25		
字　　数	212 千		
印　　数	1～1000		
定　　价	72.00元		

发现印装质量问题，请致电 0633-2298958，由印刷厂负责调换。

在路上……

贾思勰在《齐民要术》中说："顺天时，量地利，则用力少而成功多。任情返道，劳而无获。"这种原始的生态农业思想蕴涵着丰厚的教育道理，教育的本质就是一个因地制宜、自下而上的生长过程。教育过程包含了学生、教师和家长三个能动主体，它们构成了一个有生命力的"教育生态场"。在这块教育生态场中，课程是其中的土壤，我们只有深耕土壤，因地制宜，方能培植生命的沃土，进而这个生命场才能迸发生命的活力。

在现有的语文课程体系边缘有一块沃土，它沃野千里，它蕴涵巨大潜力，它就是整本书阅读。从先贤圣人孔子到近现代的著名教育家叶圣陶，从新华社到《义务教育语文课程标准（2022年版）》，无不在疾呼"读书好，好读书，读好书"，读整本书。2022年4月23日，习近平总书记在致首届全民阅读大会的贺信中指出："希望孩子们养成阅读习惯，快乐阅读，健康成长。"

但现实中，整本书阅读教学长期处于放任自流、自生自灭的状态。阅读缺乏规划，目标不明；有的纯为应试的阅读指导，教师采用传统灌输填鸭式的阅读指导模式等，为学生提供的是缩水的快餐式的阅读，造成学生被动式阅读名著。

从 2014 年 7 月至今，我带领课题组在整本书阅读教学上做了实践研究探索，走过了以下几个研究阶段。

激趣海量阅读阶段（2014 年 7 月—2015 年 7 月）。这一时期，我们针对学生不读书、不愿读书的现状，明确了海量、激趣阅读思想策略。

2015 年 7 月，在马鹏业校长带领下，我们赴广州学习郭思乐教授生本教学理论，团队统一了海量阅读思想。9 月我们就进入实践阶段。我们确立了三十四中阅读书目，通过开设班级、校级读书分享会，影响带动一批教师自主参与以名著导读、读书分享促进名著阅读的实践中。那时我们坚信：阅读名著如同满山种树，最终我们会收获一片森林。激趣海量阅读活动开展，为后续整本书系统化阅读活动、阅读的生态建设打下坚实的基础，激活了学校整本书阅读教学热情，实现了从一人研究到一校研究。

思辨主题阅读阶段（2015 年 7 月—2016 年 7 月）。为了解决名著阅读中碎片化、肤浅化阅读问题，团队教师优化名著阅读策略，制订梯度阅读计划，形成了"主题引领、议题深入、活动助推"的阅读策略，探索整本书系统阅读实施路径，在实践中采用"线上 + 线下"的阅读方式，引导学生思读结合。

2015 年 12 月，在全国生本教育理论与实践研习班上，团队胡晶老师展示《我们仨》整本书阅读教学成果，得到了生本创始人郭思乐教授的高度赞赏。我们开设空中阅读课堂，建立《史记》阅读读书群，邀请青岛大学研究生参与。采取"任务导读 + 讨论"模式，线上阅读持续 30 周，完成学生作品集《三十四中学生这样读〈史记〉》。在这期间，我们举办了三十四中读书节活动，实现了从语文学科走向全学科阅读，营造了和谐愉悦的阅读生态环境；编写了《名著中的人生密码》学生阅读手册，促进学生走向思辨阅读。那时我们坚信"学而不思则罔",以思辨引领学生深度阅读,区域内部分有情怀教师自主参与到整本书阅读实践中来。

融合探究阅读阶段(2016年7月—2017年7月)。在教学实践中,我们经常会得到家长如此问询:"我的孩子从小就喜欢读书,可就是语文成绩不好。"正如我的良师马鹏业校长所言,"没有成绩我们活不过今天,只看成绩我们活不过明天。"为解决名著阅读见效慢、推广难等问题,团队教师开发整本书阅读课程资源,与教材单元融合,对标课内阅读、写作,形成"整本书+教材"深度融合阅读策略,提高了阅读的实效性。

2017年4月,我在青岛市市北区课程建设推进研讨会上展示《狼图腾》一课,并在会上做了名著深度阅读实践报告,得到专家同行认可。同年,我在全国STEMA学校课程建设学术会议上做了专题阅读经验交流。整本书融合阅读策略效果明显,实现了整本书阅读与学科成绩正向和谐发展,得到家长认可,打通家校阅读壁垒,其模式实现从一校研究到区域推广。

名著阅读课程化阶段(2017年7月至今)。2017年初,团队以立项研究青岛市"十三五"规划课题"名著阅读课程化的实践研究"为契机,对阅读课时、内容、策略、方法、评价、展示活动总结提升,形成了名著阅读课程化体系,有效地解决了名著教学无序、活动化等问题。2017年8月以来,该课程化体系在整个区域内及山东淄博、河北北戴河、江苏扬中、新疆以及新疆生产建设兵团得到推广实践。完成出版专著《名著阅读课程化的实践研究》,在《中学语文教学参考》等核心期刊发表论文10篇。该课程化体系在2020年获得青岛市教育科研优秀成果特等奖,2022年获得青岛市教学成果一等奖。

时光飞逝,转眼已过去八年,本书就是这八年我们的所思所行所得,在此结集成册。这既是对八年研究的一个总结,也是下一阶段深入研究的起点，当然更希望本书能为改善当前整本书阅读生态环境提供一点帮助。

　　受本人学识所限，书中错误在所难免，恳请大家不吝赐教！

钟宪涛

2023 年 1 月 5 日

第一章

求索之路

——中学"陆海空"多维语文课程体系构建与实施

第一节　研究缘起

语文课程的设置、教、学三个方面构成了富有律动的语文生态场。在这个生态场中，课程是其中的土壤，教是园艺技能，学是充满生机的植株，三者只有和谐发展，这个生态场才会生机勃勃，欣欣向上。目前，从语文学科发展现状看，这个生态场还存在一些不足。

课程：从课程内容设置上看，现存的课程内容以单篇、主题阅读为主。内容过于碎片化、片段化，缺乏大部头的深度阅读，导致学生"快餐式""碎片化""功利性"等不良阅读习惯形成。一个孩子阅读的深度广度，决定着我们民族未来的高度，这样的阅读习惯如不能改变，长此以往，我们民族文化的基因就会发生变异。

从课程内容实施上看，阅读与写作发展极不均衡。普遍存在重阅读，轻写作现象，其背后隐藏的是重视书本理论，轻视语言运用实践，使语文学科的实践功能被弱化。

教学：从语文教学方面看，在阅读教学中，重单篇教学，轻群文与整本书教学。这无异于只见树木不见森林，极大地影响了学生认识世界的格局视野。同时重视语文答题技术传授，乐于语文分析。文章是作者生命跃动的表现，任何对生命跃动的描述、分析都是苍白无力的。这种分析严重扭曲阅读的自然性、愉悦性，扼杀了学生的阅读乐趣。

在写作教学中，重叙事抒情，轻批判说理。无病呻吟、假大空的文章比比皆是，长此以往，我们学生对于问题的理解仅停留在表面，缺乏理性的思辨。而这种理性思维、批判质疑、勇于探究，正是学生核心素养中科学精神的重要组成方面。

加大阅读的广度深度，重视语文实践，促进学生批判性思维的发展，是我们课程设计课堂教学急需解决的问题。

追根溯源，这些问题的解决还需回到阅读与写作中。阅读和写作是语文的双翼，两者只有比翼齐飞，语文教学才能实现工具性与人文性的统一。

阅读是个体通过客观世界（狭义地讲就是语文课程）获得知识，积累经验，陶冶情操的方法。从知识传播途径上看，阅读是从客观世界到个体的知识输入过程。基于这种价值认识，我们要丰厚语文课程内容，多元开放，推进名著阅读课程化，加大整部书的阅读力度，扩大源头活水；同时要打碎阅读枷锁，让学生自由轻松地进入作者所营造的宽广世界，学生的心灵不再被恐惧占领，不再被解题思路、分数、目标所挟持，阅读个体才能展开一次自我的心灵旅行，走向语文愉悦阅读实践，进而提高审美能力，陶冶情操。

写作是个体对客观世界融入了自己的理解感悟后的价值判断，是评价语文能力的主要标志。从知识传播途径上看，写作是个体将自己的认知投射

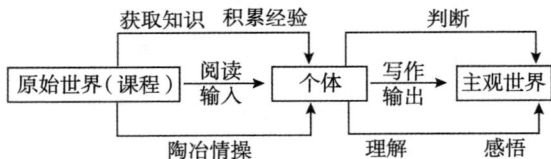

图1　阅读写作关系示意图

于客观世界的输出过程。基于这种价值认识，理性思辨是写作的核心要素。目前学生表达肤浅无力，造成这种现象其一是因为源头阅读量偏少，当学生内心充盈，表达就会水到渠成；其二则是在写作教学中，过分注重叙事抒情，轻视批判说理。可见，引导学生深度阅读，训练学生说理能力，促进学生批判性思维发展，才是提高学生写作能力的不二法门。

鉴于以上认识与思考，我们决定进行课程整合，构建起一个"陆海空"多维语文课程体系。

第二节　"陆海空"多维语文课程的内涵

所谓"陆海空"多维语文课程体系是以落实立德树人、发展学生语文学科核心素养为基本取向,以课程再造、名著阅读、互联网＋为实施路径,以培养具有民族情怀(有根),独立人格(有种),心怀天下(有爱)的未来公民为育人目标的一种立体化、多维度的语文课程体系。其中,"陆"即为课程再造,以专题阅读为主,通过开放实践性活动的设计,引导学生愉悦阅读,深度阅读;"海"就是海量阅读,扩大学生的阅读量,通过推进名著阅读课程化,将名著阅读与理性写作结合起来;"空"就是拓展阅读时空,互联网＋阅读,打造师生、亲子、生生共读的阅读场。

本课程的目标:

一是构建完整阅读体系。将由原来的单篇阅读延伸至专题阅读、整本书阅读,帮助学生建构一个完整的海量阅读场。

二是促进阅读与写作比翼双飞。在阅读中,通过问题设计,活动助推,引导学生理性深入思考,运用语言表达实践,使阅读与写作教学融为一体。

三是培养学生思辨能力。通过专题阅读、整本书阅读,为学生提供足够的思考空间,让学生的思维更加广阔和深入。同时在阅读问题设计中,或是项目式学习中,我们通过给学生呈现二元对立甚至是多元的问题组,培养学生思辨能力和跨学科整合能力。

第三节 "陆海空"多维语文课程架构

一、课程内容及实施

（一）陆：专题阅读

我们的校本化课程"悦读"以专题阅读为主，每一册含有四个专题阅读单元，分别是"爱我家乡""当代名家""风流人物""中国意象"。在六册《悦读》书中，"爱我家乡"选取了青岛和泰山专题；"当代名家""风流人物"选取了文学史上十六位有影响力的地标性人物及作品；"中国意象"选取了"梅、兰、竹、菊、月、柳"六个意象，对其进行专题文化阐释。

如《悦读》七上专题阅读目录：

	单元	专题	内　　容
专题阅读	一	爱我家乡	青岛：红瓦绿树　碧海蓝天,泰山北斗　名家云集
	二	风流人物	陶渊明：五斗浊米弃迷途,清幽菊香洒田园
	三	当代名家	汪曾祺：为文平淡质朴,为人达观潇洒
	四	中国意象	梅：疏影横斜水清浅,暗香浮动月黄昏

每一专题后面设计相应的实践活动。专题阅读的问题设计强调"简单、根本、开放"，改变以往语文教学单篇琐碎的分析，强调学生思维的实践，活动的实践，跨学科实践。

如《悦读》七上第一单元的主题为"爱我家乡青岛"。我们确定的依据是，20世纪二三十年代，青岛作为文化地标，群星璀璨，名家云集。作为青岛的学生我们有义务、更有责任了解这段文化历史。

这个单元选取了六位名家写青岛的作品，如在单元结尾，我们设计了这样的问题。如：请调查青岛名人故居现状，并就保护青岛文化名人故居提出可行性建议，完成调查报告。

为了完成这一实践问题,学生需要经历以下学习过程:①阅读本单元文章,了解青岛的风土人情;②实地考察走访名人故居,了解名人故居现状;③提出自己的假设建议;④上网查阅资料,问卷调查,收集相关资料;⑤分析假设建议的优缺点;⑥改进建议;⑦写出调查报告;⑧展示交流。

这其中每一个环节都需要学生预先设计规划,需要通过团队合作探究完成。通过这样实际问题的解决,有利于增强学生解决任何问题都要遵循科学方法的意识,提高其科学思辨能力和动手解决问题的能力。

如在李白的专题阅读中,设计了如下问题:①你觉得李白最适合给哪个景区做形象代言人? ②假如李白在政治上得到重用,他还能不能成为诗仙? ③如果李白生活在当代会怎样? ④你觉得"酒"和"月",李白最爱哪一个?

这些问题的设计,需要学生既结合作品又要结合人物性格特点理解分析,具有较强的开放性,极大地激发学生研读文本的兴趣和培养学生拓展探究能力。

(二)海:名著阅读

当前阅读缺乏规划,目标不明;还有的纯为应试的阅读指导,教师采用传统灌输填鸭式的阅读指导模式。为学生提供的是缩水的快餐式的阅读,造成学生被动式阅读名著。针对这样的阅读现状,我们提出"从走近名著到走进名著"。

如何"走进"名著呢?将名著阅读课程化是走进名著的必经之路。于是我们制定并实施了《名著阅读课程化纲要》。①进行调查问卷,了解学生的阅读现状,确定三十四中推荐书目。②制订推荐书目的梯度阅读计划,将作品按照情节阅读、情感阅读、情理阅读,细分出七、八、九三个年级阅读书目。③制定阅读实施路径:群体化阅读、立体化阅读、读写结合。④制定评价体系,将读与不读,读多读少,读深读浅区分开来。对于每一册的推荐书目,我们又分精读、自读、网读三部分。

如七上名著阅读目录:

名著阅读	**精读**	《草房子》:水乡风情童稚事,懵懂少年成长时
		《我们仨》:彩云易散琉璃脆,平淡绽开生命花
	自读	《狼王梦》:生命荡气回肠,梦想震撼天地
		《呼兰河传》:多彩的风土画卷,凄婉的人间歌谣
		《汪曾祺小说选》:信马由缰,洒脱自然
	网读	《史记》之"楚汉战争"专题

自读三部名著,学生利用寒暑假完成;网读部分则是周末在读书群交流。对于精读篇目,我们将名著阅读纳入到课上阅读,每周安排两节名著阅读课。其阅读形式依托《名著阅读与写作》一书。

《名著阅读与写作》一书,在整个课程体系中承担着写作教学任务。主要设计了如下板块:走近作者、主要内容、创作背景、世说新语、悦读之旅、人生密码、百家争鸣、锋芒毕露。

如《名著阅读与写作》红色经典作品《红岩》示例:

《红岩》: **意志与信仰**	悦读之旅	1.设计编写一期反应渣滓洞和白公馆的《挺进报》。2.经典语录品析。3.为主要人物写颁奖辞。4.我的未解之谜
	人生密码	1.信仰的力量。2.红岩精神永放光芒。3.从舍生取义说起。4.爱国精神也需与时俱进
	百家争鸣	1.红色经典《红岩》文学价值与启示研究。2.关于小说《红岩》的写作(杨益言)。3.《红岩》——中国人的精神支柱。4.《红岩》革命英雄人物研究
	锋芒毕露	亲爱的同学,阅读了整部书,又深入地探讨了几个人生话题,想必你对《红岩》一书,也有自己独特的思考角度及感悟,拿起手中的笔,亮出你的观点,与大家一起分享你的阅读心得吧!

其中"悦读之旅",针对名著情节、人物形象设计的几个问题。"人

生密码"是老师将和作品有关的人生问题，纳入到学生课堂讨论与写作，教师有意识地将学生引入思维的纵深处。"百家争鸣"是向学生推荐和作品有关的评论性文章。我们一直认为当学生读了关于作品的批判性文章之后，他才真正读完了这部作品。"锋芒毕露"栏目是学生在前面阅读基础之上，书写出自己的独

图2 名著阅读课型

特感悟。在实践中，我们又针对以上四个栏目总结了五种阅读课型：思读课、助读课、引读课、延读课、读写课。

五种课型引导学生从文本开始，到与同伴、教师、世界对话，直至表达自我独特感悟结束。在这样循序渐进、螺旋上升的阅读过程中，学生不断加深对作品的理解，用批判性的眼光，理性表达自己的阅读心得，促进真思考、真写作的发生。

（三）空：《史记》读书群

为了打破阅读的时空限制，营造师生、亲子、生生共读整本书的读书氛围。我校开展了《史记》微信读书群陪读活动。

在整个课程体系中，专题阅读、名著阅读侧重于白话文阅读，《史记》则承担着文言文阅读；同时《史记》纪传体的编写体例，可以让我们的学生随时进入阅读场，不受前后情节紧密关联的影响。

对于《史记》选读，首先由导师上传阅读篇目，导读问题。同学们线下阅读，将阅读感悟，上传读书群。在读书群里，导师、同学、家长进行在线交流分享。讨论结束后导师会对本次讨论作相关的总结。《史记》阅读也采用专题阅读形式。共设计六个专题：楚汉战争、汉初三杰、汉武帝三大名将、战国四公子、战国四大名将、战国纵横家专题。

如在《史记》"楚汉战争"专题中，我们设计了这样的问题："如果你生活在当时，刘邦、项羽之争，你愿意支持哪一方呢？请说明自己的理由。"这样的探究性问题，需要学生不仅要阅读《高祖本纪》《项羽本纪》，还需用全面发展的眼光评价两个人，同时还要充分考虑自己的性格特点。这里涉及语文、历史和生涯规划，具有很强的跨学科综合特点。满足学有余力同学的阅读需求，促进学生全面而有个性的发展。

二、课程评价

对于"陆海空"多维语文我们采取以下评价方式。

（一）过程性评价

搜集反映学生语文学习过程和结果的资料。如阅读档案袋、读书笔记、《史记》小论文、研究性学习报告、创意性阅读与写作、提出有价值的问题数量等，并对这些资料进行量化考核。

（二）表现性评价

教师让学生在真实或模拟的生活环境中，进行项目制学习或任务型学习。如在七下"爱我家乡"专题阅读是"五岳之尊，四海皆安"的泰山。我们设计的任务型学习就是为泰山申报世界地质文化公园，完成申报书。学生须运用专题阅读获得的知识解决这个新问题，以考查学生对专题内容的掌握程度，以

阅读档案袋
1. 阅读进度表
2. 作品集
（1）读书笔记（　　）篇
（2）研究性小论文（　　）篇
（3）讨论记录（　　）篇
3. 荣誉榜
（1）读书笔记范文（　　）篇
（2）是不是名著阅读十佳
（3）综合性学习活动奖
4. 其他

及在实践中解决问题能力的发展状况。

（三）结果性评价

利用学期末或单元检测,对学生综合运用语言能力进行最终评价。如2017北京高考微写三选一中的第三题:如果请你从《边城》里的翠翠、《红岩》里的江姐、《一件小事》里的人力车夫、《老人与海》里的桑地亚哥之中选择一人,依据某个特定情境,为他(她)设计一尊雕像,你将怎样设计呢? 要求:描述雕像的体态、外貌、神情等特征,并依据原著说明设计的意图。

这样的试题评价,就将名著阅读与写作结合起来,读与不读,读多读少,读深读浅,就会明显区分开来。

第四节　国家课程校本化实施效果

经过两年的实践,孩子们呈现出阅读成长的明显轨迹。

一、张开文学和科学的双翼,学生自由地驰骋在阅读的世界里

在我们的"陆海空"阅读世界里,阅读不受时空的限制;在这里,阅读不关乎分数,只与心情有关;在这里,学生每一次心动的阅读体验,都可以变成一首歌,一幅画,一首诗,一篇小的随笔,一次有意义的实践调查……在这里,学生的每一次阅读体验都会在第一时间与大家分享,并得到回应、传播…… 又如阅读《狼图腾》,同学们将电影与原著比较研究;读《苏东坡传》,绘出苏轼流浪人生轨迹图;读《红岩》,办《挺进报》,为江姐写颁奖词;读《边城》,学生涂鸦茶峒碧溪图;读《老人与海》,设计主题书签,为情节配插图……

如学生在阅读杨绛《我们仨》时,将自己对作品人物的理解用诗歌形式呈现出来,用诗话的语言表达见解:

年轻时，我们一起玩耍，你们当娃我当妈，我们一起过家家。

暮年时，我们老病相催，夕阳西下，断肠人在天涯。

而现在，我们仨失散了，哪里是我的家？我还在寻觅归途，我一个人思念我们仨！

——学生习作《我们仨》

同学们自由地驰骋在阅读的世界里，激发的是兴趣，丰富的是视野，提升的是素养。

二、写作表达，深刻理性

如在阅读余华的《活着》一书，同学们在读书笔记上留下了这样的阅读感悟话题："也谈富不过三代""由别去打扰别人的幸福说开去""面对挫折是抗争还是顺从"……这样的写作话题是学生深度阅读后理性而深刻感悟结果。

在学生的读书笔记中，我们看到了大量观点明确、说理透彻、条理清晰的佳作：我以为只有传承良好风气才能富过三代。富过三代是受良好风气熏陶的结果，尤其是良好的家风对家族兴旺起决定性的作用。因为父母是人生的第一位老师，家庭是人生的第一个课堂，只有从小给孩子灌输为目标而拼搏的精神，让他们在苦难中磨炼自己，在挫折中战胜自己，不断拼搏，才会不负父母希望，不负自己目标……

——（祖小艺《也谈富不过三代》）

同学们对于名著阅读，没有仅仅停留在情节形象表面，而是深入到作品的内核及外延，客观理性的思考，勇于表达自己的观点，条理清晰地证明自己的观点，这必将为培养其独立人格，为未来走向社会，打下坚实的写作与表达基础。

三、批判性思维得到有效发展，跨学科整合能力得到提升

一次，在学习杜甫《春望》"烽火连三月，家书抵万金"一句时，笔者在讲烽火时拓展到狼烟的内容，并举相关典籍加以证明。

这时候一个男同学举手发言,他说班里正在看名著《狼图腾》,书中说狼粪点燃不是冒浓烟的。

他对老师的讲解提出疑问。这样的学生在传统的课堂中是很难出现的,笔者马上接受学生的质疑,实践是检验真理的唯一标准,孰是孰非要用实践去证明真伪。于是,课后有一个组主动去动物园收集狼粪。

周一语文课,就是到操场点火烧狼粪。我们想象的狼烟并未出现,同学们都很兴奋,因为他们战胜了老师,战胜了典籍,他们在阅读与实践中解决了问题。

不过也有审慎怀疑者,又有一位学生又说,这是因为点得少,他去内蒙古旅游曾经见过点狼烟,确实烟雾很大。他还做了研究,说明为什么要点狼粪:①大漠柴草较少,不利于作为原材料。②牛羊因为是食草动物,牛羊粪不宜迅速燃烧,这是与军情紧急,快速通报矛盾的。③狼,肉食动物,成群出现,狼粪宜收集且油脂高,易燃烧,是最佳选择……烽火台到底点的是什么呢?同学们新一轮的质疑思考又开始了……

在这一事件中涉及文学与科学,涉及课内与课外,涉及现实与历史,等等,这是传统语文学科所无法承载与容纳的;甚至说,如在传统的教学中,学生就不会质疑,即使大胆质疑也会被无视,在萌芽阶段就会被扼杀掉。而上面案例所呈现的是学生大胆质疑,积极参与,动手实践,科学申明,跨学科整合,在兴趣盎然中,学到了知识,提高了其科学的思辨力。

目前,初三学生已阅读名著二十余部,人均完成读书笔记四到五万字。学生自己创办《长春藤》读书报;学生名著阅读成果集《名著中的人生密码》已结集成册,共计十五万余字。《史记》论文也已集结印刷成《青岛三十四中学生这样读〈史记〉》,共十三万余字。校本教材《悦读》六册也即将结集出版。

第五节　对"陆海空"多维语文课程体系的思考

在"陆海空"多维语文课程体系下,学生展示交流机会多了,学生大胆质疑的兴趣被激发了,学生的多元理解被尊重了……但在教学实施过程中,以下三方面问题还需亟待解决。

一、名著阅读问题的精准开放设计

在名著阅读课程化实施中,我们虽重视了梯度阅读,但对于精读作品中的问题引导设计还存在不够精细现象,不能最大程度反映学生的阅读能力、解决实践问题能力。在下一阶段,我们将深入地细读名著作品,将名著作品划分章节,针对每一章节将导引问题具体化,增加立体化阅读名著的样式:如参观名人故居、邀请作家讲学、观看电影、开展辩论赛等。

二、考试评价与日常教学的有效对接

评价机制中的考试评价是检验课程实施以及学生学习能力的一个重要方面。现阶段的考试评价机制还有些生硬,对于能力(隐性指标)的考查还缺乏科学性。对此,我们决定从研究北京2017高考微写作三道题目入手,研究优秀的中高考相关试题,把考试评价上升到课题研究的高度,以期提升命题能力与水平。

三、思辨读写能力的梯度训练

在写作教学中,我们虽重视培养学生的理性思辨能力,但这种能力在七、八、九年级的教学中缺乏梯度设计。在下一阶段的实践中,我们将参照国外的思辨能力训练,结合我校的学情,力求将这种能力的培养梯度化、系统化、具体化,使其具有较强的可操作化。

第六节　"海量阅读"实践案例
——以《活着》为例

甲　走近作者

余华，1960年4月3日生于浙江杭州，现代作家。1977年中学毕业后，进入北京鲁迅文学院进修深造。1983年开始创作，同年进入浙江省海盐县文化馆。1984年开始发表小说，《活着》和《许三观卖血记》同时入选百位批评家和文学编辑评选的九十年代最具有影响的十部作品。1998年获意大利格林扎纳·卡佛文学奖。2005年获得中华图书特殊贡献奖。

余华的早期小说主要写血腥、暴力、死亡，写人性恶，他展示的是人和世界的黑暗现象。他小说中的生活是非常态、非理性的，小说里的人物与情节都置于非常态、非理性的现实生活之中。

乙　主要内容

《活着》讲述一个人一生的故事，这是一个历尽世间沧桑和磨难的老人的人生感言，是一幕演绎人生苦难经历的戏剧。小说的叙述者"我"在年轻时获得了一个游手好闲的职业——去乡间收集民间歌谣。在夏天刚刚来到的季节，遇到那位名叫福贵的老人，听他讲述了自己坎坷的人生经历：地主少爷福贵嗜赌成性，终于赌光了家业，一贫如洗，穷困之中福贵因母亲生病前去求医，没想到半路上被国民党部队抓了壮丁，后被解放军所俘虏，回到家乡他才知道母亲已经过世，妻子家珍含辛茹苦带大了一双儿女，但女儿不幸变成了哑巴。

真正的悲剧从此才开始渐次上演。家珍因患有软骨病而干不了重活；儿子因与县长夫人血型相同，为救县长夫人被抽血过多而亡；女儿凤霞与队长介绍的城里的偏头二喜喜结良缘，产下一男婴后，因大出血死在手术台上；而凤霞死后三个月家珍也相继去世；二喜是搬运工，因吊车出了差错，被两排水泥板夹死；外孙苦根便随福贵回到乡下，生活十分艰难，就连豆子都很难吃上，福贵心疼便给苦根煮豆吃，不料苦根却因吃豆子撑死……生命里难得的温情将被一次次死亡撕扯得粉碎，只剩得老了的福贵伴随着一头老牛在阳光下回忆。

丙 创作背景

作者听到了一首美国民歌《老黑奴》，歌中那位老黑奴经历了一生的苦难，家人都先他而去，而他依然友好地对待这个世界，没有一句抱怨的话。这首歌深深地打动了作者，作者决定写下一篇这样的小说，于是就有了1992年的《活着》。写人对苦难的承受能力，对世界乐观的态度。人是为活着本身而活着的，而不是为了活着之外的任何事物所活着。

丁 世说新语

《时代周刊》：中国过去六十年所发生的一切灾难，都一一发生在福贵和他的家庭身上。接踵而至的打击或许令读者无从同情，但余华至真至诚的笔墨，已将福贵塑造成了一个存在的英雄。当这部沉重的小说结束时，活着的意志，是福贵身上唯一不能被剥夺走的东西。

《华盛顿邮报》：《活着》是不失朴素粗粝的史诗，斗争与生存的故事，给人留下了不可磨灭的残忍与善良的形象，在余华的笔下，人物在动物本能和人性之间的苦苦挣扎。余华加诸叙述的那种冷酷的意志，使小说超出了常轨。

《西雅图时报》：余华没有煽情。每一个沉重的悲剧都是痛苦的。每个人都感受到孩子死去般的麻木力量。偶尔有轻松、优美、善良的时刻……《活着》是一次残忍的阅读。余华不遗余力地展示误导的命运如何摧毁人的生活。

《明星论坛报》：余华的风格简洁而有力，直抵人心。小说的结尾令人难忘，唯一活着的老人福贵给他的老牛也取名叫福贵。叙述者看着老人和老牛在暮色苍茫中慢慢消失，留下他独自一人："我看到广阔的土地袒露着结实的胸膛，那是召唤的姿态，就像女人召唤着她们的儿女"。同样召唤着读者。

合众国际社：小说在历史动荡的背景上以貌似冷漠的语调，织就了一幅人性的挂毯。其冷静的风格使读者与福贵同甘共苦，当好运垂顾他时，我们会欣然微笑，当他遭受厄运打击时，我们又会黯然神伤。悲剧总是接踵而至，令人无法喘息，一个作家甚至因此称《活着》是"中国的《约伯书》"。

戊　悦读之旅

作品人物关系图

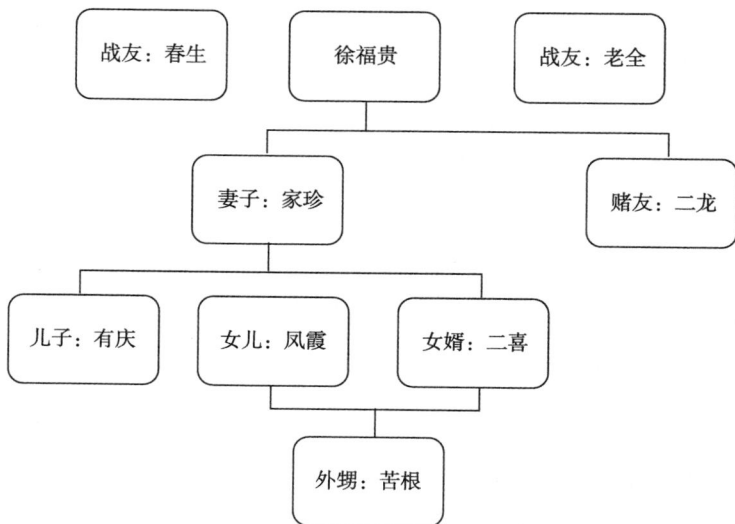

```
战友：春生        徐福贵        战友：老全


              妻子：家珍              赌友：二龙


    儿子：有庆    女儿：凤霞    女婿：二喜


                  外甥：苦根
```

（以上由殷熙隆设计分享）

经典语录品析

1. 以笑的方式哭，在死亡的伴随下活着。

赏析：福贵以笑的方式哭这其实是掩饰，只是自己的尊严在作祟；"在死亡的伴随下活着"，虽然他还活着，但是跟死人已经差不多了，不管是心还是一切。其实他拥有了比别人多很多死去的理由，但是却选择了活着，因为他有自己活着的意义。

2. 人是为了活着本身而活着，而不是为了活着之外的任何事物而活着。

赏析：人活着要有一定的信念，而不是违背自己的信念忙碌地听人摆布。这种人虽然活着，但其思想上也只是一具僵尸。虽然福贵可以有很多种理由选择死去，但他依然选择活着，因为他有着自己存在的价值。

3. 人只要活着高兴，穷也不怕。

赏析：都说生活，其实是属于每个人的感受，不属于任何别人的看法，只要快乐，穷也不怕。可是，富贵也因穷，而失去妻子；因为穷，而让儿子死的委屈也无法倾诉；又因为穷，才使得外甥由于吃到的豆子而高兴得撑死，最终孤苦伶仃，一人终老，人真的只要活着高兴，就不怕穷了吗？

4. 最初我们来到这个世界，是因为不得不来；最终我们离开这个世界，是因为不得不走。

赏析：福贵一开始是带着父亲对他的期望来的，期望他能再次耀祖荣光。但是由于富贵日日夜夜不务正业，家产败光，最终只能默默地承受这一切，直到生命的最后。

其实父母将我们送到这个世界，也同样寄托着父母对我们的爱及期望。所以作为青少年的我们不能虚度光阴，要带着父母的爱及期望奔向自己的理想！

5. 一个人命再大，要是自己想死了，那就怎么也活不了了。

赏析：这段话其实是在讲春生，如果一个人想死，那么谁也拦不住。其实想死的人肉身还未死，但心和灵魂却已经死了，那他这个人离死还会有多远呢？

6. 后面的路是我背着凤霞走去，到了城里，看看离那户人家近了，我就在路灯下把凤霞放下来，把她看了又看，凤霞是个好孩子，到了那时候也没哭，只是睁大眼睛看我，我伸手去摸她的脸，她也伸过手来摸我的脸。她的手在我脸上一摸，我再也不愿意送她回到那户人家去了，背着凤霞就往回走。凤霞的小胳膊勾住我的脖子，走了一段她突然紧紧抱住了我，她知道我是带她回家了。

回到家里，家珍看到我们怔住了，我说："就是全家都饿死，也不送凤霞回去。"家珍轻轻地笑了，笑着笑着眼泪掉了出来。

赏析：福贵背着凤霞，准备送给别人，但亲情战胜了一切，就是再困难，全家人在一起什么困难都能战胜。

7. 家珍一直扑到天黑，我怕夜露伤着她，硬把她背到身后。家珍让我再背她到村口去看看，到了村口，我的衣领都湿透了，家珍哭着说："有庆不会在这条路上跑来了。"

我看着那条弯曲着通向城里的小路，听不到我儿子赤脚跑来的声音，月光照在路上，像是撒满了盐。

赏析：文章将福贵一家失去儿子悲痛的心情，比喻成像在伤口上撒满了盐，用月光衬托凄凉的环境，使读者对福贵一家顿生怜悯之情。

8. "从前，我们徐家的老祖宗不过是养了一只小鸡，鸡养大后变成了鹅，鹅养大了变成了羊，再把羊养大，羊就变成了牛。我们徐家就是这样发起来的。"

爹的声音里咝咝的，他顿了顿又说："到了我手里，徐家的牛变成了羊，羊又变成了鹅。传到你这里，鹅变成了鸡，现在是连鸡也没啦。"

赏析：祖辈们勤劳致富，省吃俭用，精打细算，慢慢地发家了，传给了他们的子孙后代，可是由于后人们只知道坐享其成，财产日益减少。

当福贵长大后，他无师自通地继承了父亲恶劣的遗风，吃喝嫖赌样样精通，整日沉溺于嫖娼与恶赌之中，最终将自己的祖业输得一干二净，又回到了穷困潦倒的地步。所以古人经常说"富不过三代"。

9.那时候天冷了，我拉着苦根在街上走，冷风呼呼地往脖子里灌，越走心里越冷，想想从前热热闹闹的一家人，到现在只剩下一老一小，我心里苦得连叹息都没有了。

赏析：人在高兴的时候，从来不想悲苦的日子，当热热闹闹的日子一去不复返的时候，悲苦凄凉的日子也随即到来，反差如此之大写出了对热闹的日子眷恋，不舍。

10.活着

赏析：这其实是坚强的含义。也许富贵的一生是幸福的，也许他的一生并没有白过，他早年做过富家公子，中年携带一家人沦落街头；他爱过别人，也被别人爱过；他能在晚年时，诉说自己的一生，去坦荡地回忆那些快乐、悲伤的记忆……

福贵的一生让我们知道了，其实在我们有生之年应珍惜生命，珍惜生命中的每一个人。勇敢地活下去！

（以上语录摘自姚佳琪读书笔记）

我为徐福贵写自传

李斯羽

"死"这个字对我们来说是很陌生的，但也许对徐福贵来说却早已成为了常事。

福贵少时家庭条件好，吃喝嫖赌样样通。后来赌博把家产挥霍干净还欠了债,气死了自己的爹。家道中落后的福贵人生开始艰苦,女儿成哑巴,自己被抓去参军,母亲去世,妻子又生病卧床。后来儿子、女儿、妻子、女婿、孙子纷纷离世。晚年福贵只剩下自己孤身一人。

"死"就像是一根穿起福贵一生的线。福贵经历了"黑发人送白发人",又经历了"白发人送黑发人",从最开始的痛苦不堪到麻木再到最后的乐观面对,这又怎是常人所能做到的?

"往后的日子我只能一个人过了,我总想着自己的日子也不长了,谁知一过又过了那么些年。这辈子想起来也是很快就过来了,过的平平常常。做人还是平常点好,争这个争那个,争来争去赔了自己的命。"这是福贵再回想起这一生的感受,生活的温情一次又一次被死亡千刀万剐着。

"活着,在我们中国的语言里充满了力量,它的力量不是来自叫喊,也不是来自进攻,而是忍受,去忍受生命赋予我们的责任,去忍受现实给予我们的幸福和苦难、无聊和平庸。"这是作者余华对人生的独特诠释。也许福贵就是这样活着的。他不是为了自己的宏图大业,也不是为了别人的志愿活着,而就是简简单单地活着。为了活着而好好活着。他等待被时间和命运遗弃,而不是去抛弃生命。他改变不了活着的事实,就改变活着的态度。只要活着,总有希望,态度也许至少是可以改变活着的状态,或者好,或者差。

这,就是福贵;这,就是活着。

己 人生密码

【问题导引】

"道德传家,十代以上,耕读传家次之,诗书传家又次之,富贵传家,不过三代"。古人说"富不过三代",你读了《活着》一书,想必对此也有自己的理解感悟吧,请完成下面的探究问题。

也谈富不过三代

祖小艺

古人云：道德传家，十代以上，耕读传家次之，诗书传家又次之，富贵传家，不过三代。余华所著的《活着》，让我对此有了更深刻的了解。

福贵是地主家的少爷，从小便生活在温室中，养尊处优，不懂钱财之不易，生活之艰辛，嗜赌成性，不仅败光了父母一生拼搏得来的家业，还气死了父亲，母亲也因有病无钱医治而亡，所以家人的不幸都是他亲手造成的。我们不要像福贵那样，等到身边的人一一离他远去才明白生活之艰辛，等到他年老垂暮时才懂得生活的真谛。福贵的一生摆脱不了"富不过三代"的宿命。这样的教训层出不穷。

就好比三国时期刘备建立了蜀汉，是一个志向远大、知人善用的明君，可他的儿子刘禅昏庸无能，是一个扶不起的阿斗，所以蜀汉走向衰弱以致灭亡。近年来山西的一位富二代败光了他的百亿家产，他是临危受命，不懂得如何管理企业，在受挫后并没有切实地想出办法来解决经济危机而是一蹶不振，不思进取，坐吃山空，最终败光父辈所遗留的家业。这些都告诉我们守业比创业更难，因为创业者大多从青年时期就经过磨炼，从而锤炼了他们坚强的意志和杰出的才能，使他们成就大业。"宝剑锋从磨砺出，梅花香自苦寒来"，在求富创业的道路上，必是坎坷，但只有历经磨难才会见得彩虹。而后一代面对的已然是富裕的家庭，没有经历创业的艰难，很难懂得钱财的来之不易，如果没有从小树立良好习惯，就容易败家。

父母创业，为了自己的理想，也为了自己的子女，他们对子女娇生惯养，不让他们吃苦受累，给他们一个良好环境，从此衣食无忧，真是可怜天下父母心！虽然他们为子女好，但子女却不理解，反而害了他们,让他们养成衣来伸手,饭来张口的坏习惯,害了自己也害了家人,百害而无一利。

所以没有人才辈出的家庭,很难富过三代,但将门无犬子,只要从小培养,不让他躺在父母营造的温室里挥金如土,给他适当的磨炼,也可成就一代枭雄。

我以为只有传承良好风气才能富过三代,富过三代是受良好风气熏陶的结果,尤其是良好的家风对家族兴旺起决定性的作用。因为父母是人生的第一位老师,家庭是人生的第一个课堂,只有从小给孩子灌输为目标而拼搏的精神,让他们在苦难中磨炼自己,在挫折中战胜自己,不断拼搏,才会不负父母希望,不负自己目标。

因为亲身经历,才懂得生活不易,赚钱不易,攒钱更不易。因为不了解其中之过程艰辛,才不懂珍惜,不明白富有的真正意义,才会越陷越深,无法自拔。

"富不过三代"已经根深蒂固地印在人们的脑海中,希望现代青年企业家的楷模能向人们证明,世上无难事,只怕有心人,一切都可以被改变,历史也可以被改写。

【问题导引】

我们每个人都有各自的幸福,也都有各自幸福着的方式,有的人的幸福是来自于一个钻戒,有的人的幸福是来自于一杯奶茶,有的人的幸福或许就是爱人对自己的一个微笑,一句关心的话!无论是什么,我们都会因为这个幸福的触点而幸福着!

我们不要打扰他人的幸福,幸福也是一个人的隐私。在你眼中看的是一种苦难,在别人的心里也许正是一种幸福。这种幸福,无关荣华富贵、无关名誉地位,有关的,只是一种心灵感应和默契。这种幸福,像花儿开放一样,悄无声息,但却将馨香,在彼此心田里缠绵、涟漪，化作了生命中的一种永恒和地久天长。读罢《活着》一书，福贵幸福吗？似乎是一个不需要设问的问题，又似乎是一个很值得研究的问题，对此你有怎样的认识呢？请完成下面的探究问题。

由别去打扰别人的幸福说开去

——你咋知道福贵就幸福呢？

王雅静

幸福是什么？简单点来说就是指人们无忧无虑、随心所欲地体验自己理想的精神生活和物质生活时，获得满足的心理感受。深入思考，则是人们对自己理想的生活感到满足的一种主观感觉，是自然而然且发自内心的感受，而非客观标准。自己是否幸福，不是由他人来评判；同理，你也不能评判他人是否幸福。

理想生活的标准是因人而异，世上没有两个人的条件完全一样，但都可能获得幸福感。在现实生活中，达官和富豪也不一定会有持久幸福感，普通平民也不一定没有幸福感，关键是否具备定义中的全部条件。幸福感不一定是持久的。幸福感可能会随着思想、身体、生活、环境的变化而变化。

读完《活着》这本书，更多的人对福贵感到同情、怜悯，觉得福贵的遭遇十分不幸，生活给他带来了极大的伤害和悲痛。可是，你咋知道福贵不幸福呢？

当福贵讲述自己的故事的时候，他是多么超然，多么坦荡，这得需要有多么宽广的胸怀！他虽输光了家里所有财产，过上了贫穷的生活，但他也没有因此向命运低头，可能想着还有家人陪伴着他，不孤单，依然很幸福。

他虽经历了身边的亲人相继去世，最终和一头牛相依为命，早已经习以为常。大概觉得这种平淡的日子就是幸福吧！

一切都是未知数，你咋就知道福贵不幸福呢？正因为幸福因人而异，所以请不要去打扰福贵的幸福！

一个女人晚上在夜市上摆地摊，她的男人骑着车，匆忙地赶过来为她送饭，还说："你是不是早饿极了，今儿来得较晚，赶紧趁热吃吧，一会儿就凉了，我陪你一起。"说完就坐到了女人的旁边，不一会儿走来一位老顾客，看了眼饭盒说道："就吃这个呀？连点油水也没有，这怎么吃得下去呀！"说完移动着肥胖的身躯离开了。紧接着女人的眼泪吧嗒吧嗒地往下掉，男人也强忍着泪水，本来感觉很幸福，被别人这么一说心里很不是滋味！

一对老夫妇，本身没有文化，但是儿子十分争气考入了一所大学，老夫妇已经很满足很骄傲了！但是就在火车站送儿子的时候碰见了一位老伙计，老伙计就问他们儿子考入了哪所大学，当他们自豪地说出来之后，那个人不屑一顾地说："这算是什么大学？我儿子可是考入了名牌大学。"这让原本快乐的气氛变得沉默起来。

这些都能看出本身当事人觉得很幸福的事，在别人眼里就变成了另一番滋味。如果没有那些人的打扰或许他们依然很幸福！

幸福就是一种心态，说它简单，它近在咫尺；说它困难，它遥不可及。这时，就要看每个人的理解。当今社会，每个人对此都有不同的看法，所以请不要去打扰别人的幸福！因为你根本不知道别人的幸福是什么样！

【问题导引】

从国外的罗曼·罗兰的《名人传》、尼古拉·奥斯特洛夫斯基的《钢铁是怎样炼成的》、海伦·凯勒《假如给我三天光明》，到中国的司马迁、苏武、张海迪……社会的主旋律一直在演奏一曲抗争命运的赞歌，而《活着》中，有人说福贵是软弱的，不敢与生活抗争，他所有的力量都用来承受苦难,流尽眼泪,然后继续蹒跚前行,屈服于命运。

余华本人也强调,"活着就是忍受,忍受生命赋予我们的责任,去忍受现实给予我们的幸福和苦难、无聊和平庸。人是为活着本身而活着,而不是为活着之外的任何事情而活着。"面对挫折,作为个体中的人,到底该何去何从呢?对此你有怎样认识呢?请完成下面的探究问题。

直面挫折

马志鹏

没有风吹雨打,哪会有秋天果实的成熟;没有刺骨的寒风,哪会有松柏的坚韧。在逆境中,不要一味地怨天尤人,要多考虑怎样克服困难,勇敢地面对一切。彼得逊说过,"人生中经常有无数次来自外部的打击,但这些打击究竟会对你产生怎样的影响,最终决定权在你的手里。"

因此,面对挫折,我们应该勇于抗争。

逆境给人宝贵的磨炼机会,只有经得起逆境考验的人,才能成为真正的强者.

文章中的福贵并不是弱者,是一个真正的强者,他在死亡中的挣扎是有价值的,是对生的期盼,是超越了孤独和痛苦的勇敢。但命运似乎并不赞赏他的坚强和勇敢,那无数次升起的希望之火全部被浇灭了。看着静静躺在病床上的儿子,福贵的坚强被失子之痛消磨得所剩无几了,他也许自责自己给儿子起有庆这样带着嘲弄的名字吧。但福贵还在活着,因为还有家人,随后女儿、妻子、女婿、小外孙相继离去,留下了他孤独一人怀揣着思念,忍受着寂寞,经历着孤独。但这些并未将他打倒,因为他还有老牛,在孤独的岁月里,他和老牛有着十分的默契,他把思念全都寄托在牛身上。人是感情动物,再怎么受打击，也磨灭不了他真实的性情，福贵经历了太多的不幸、悲伤和痛苦。我想，他已经超脱了那样苦楚的生活，他在真正的活，不带半点掩饰痛苦的虚假。

逆境让人可以坚强起来，必须重视逆境，一旦身处逆境，只要像福贵那样，最重要的是要有恒心，有信心，有勇气，有毅力，又有实干的精神，即使山穷水尽，终会峰回路转，柳暗花明。自古以来，所有能成就一番大业的人，无一不是脚踏实地努力奋斗的人。

爱迪生花了整整十个年头，经过了好几万次实验，发明了蓄电池；著名的科学家竺可桢七十多岁了，还要野外考察，获得了第一手资料，直到临终那一天，还不忘做科学研究，他们战胜了多少经历的艰难困苦。直面挫折的人，终将会成功。

面对挫折，勇敢应对，将它视为垫脚石，最终取得成功。古有遭遇宫刑的司马迁，勇敢面对酷刑，最终写成了"史家之绝唱，无韵之离骚"的史学巨著《史记》。今有挫折挡不住的强者张海迪，她自幼严重高位截瘫，可她直面挫折，最终取得了连绝大多数正常人都无法获得的巨大成就和贡献。中有与挫折奋争、苦中寻乐的科普作家高士其，忍受着病毒的折磨，以惊人的吃苦精神进行创作，先后写成了100多万字的作品。外有身患先天性疾病的霍金，敢于正面挫折，并在黑洞和宇宙论的研究上获得了重大成就。这些人面对挫折，迎面而上，最终诠释了生命的意义。

逃避挫折的人，最终只能失败。曾经有那么一些人，面对挫折，只觉得它是绊脚石，不愿直面它。南唐后主李煜，前半生只顾享乐，后半生对即将亡国的命运，却只能哀悼前半生的虚无，最后沦为阶下囚。楚汉之争，项羽因为一次失败——垓下之围，最后一蹶不振，自语"无颜面对江东父老"，自刎于乌江。"二战"后期，希特勒面对前线的节节败退，没有冷静面对，而是越发偏执，最终在绝望中自杀于总理府的地下室。抗日战争时期，汪精卫对抗日心灰意冷，加上日方给予的各项权力诱惑，最终当上了汉奸。这些人面对挫折，选择逃避，最终走向毁灭。

而作为新时代主人的我们，生命的意义究竟是什么呢？

如今的我们就仿佛是温室里的花朵，衣来伸手饭来张口，不为自己的未来考虑，只是图一时的逍遥快活。处处依着父母来，心里总是想要依靠父母，父母可以依靠一时，但不会依靠你一生啊！走上社会才知道，自己缺少的是人生的磨炼，这样的人终究被淘汰。只有自食其力，直面挫折，对艰难险阻不低头，时刻有一种不服输的精神，才能勇挑未来的重担。

人生的价值，生命的意义，该在什么地方以什么样的形式体现出来，许多先进的人物都为我们做出了表率与说明。不经一番风霜苦，哪得梅花扑鼻香，让我们学会坚强，学会抗争，用奋斗走出逆境，这将会成为我们人生的宝贵财富。

人的生命似洪水在奔流，不遇着岛屿、暗礁，难以激起美丽的浪花。而当挫折不期而遇时，只有敢于直面挫折，驾驭于挫折之上的人才能到达成功的彼岸。

面对挫折是顺从还是抗争

邢嘉怡

泥泞的生活是被暴雨所冲刷，到底是需要一份人定胜天的勇气冲出去，还是需要一份经得起天荒地老的心去熬过这场雨？

——题记

生活，生活，我们到底是为了生而活，还是为了活而生？可生活本就因人而异，有些人生下来就有着享用不完的荣华富贵，可以放心大胆地去轰轰烈烈享受人生繁华，而有的人却生下来就要学会精打细算独当一面，在满是艰难的生命中浑浑噩噩了此余生。这不算是命运的挫折吗？在命运的汪洋中，我们不过是一艘艘小舟，扬帆起航却不一定能跨过这片海，面朝大海的不是春暖花开而是寒风苦雨，也便是生活吧，我想。

汪国真曾说："我不管身后会不会袭来寒风冷雨，既然目标是地平线，留给世界的只能是背影。"这句话听起来免不了有些自欺欺人，人总是在有限的生命中去追寻属于自己的那份光，可是当你真的跋山涉水，不远万里抵达时，也许那里早已乌云密布。还有的人则是南辕北辙，穷尽一生也没有找到自己的光。即便是满身泥泞，披枷带锁也在所不惜吗？我不知道，也不想知道。我只知道当你想要挣脱这一身桎梏时，却发现它们早已深入骨髓，像是慢性毒药，在你不经意间给你致命一击，这就是挫折。

《活着》中的福贵也许也向我们展示了一个人的一生悲剧，也许他是浪子回头，可我从来都不相信浪子回头，回了头的浪子，最终也不会有什么好下场。一世繁华一场梦，对于福贵而言，也许所谓的荣华富贵不过是一场梦，梦醒了我们要学会擦干眼泪，重回现实。可是，上天好像不满于此，要把他仅剩的生活中的幸运也要连根拔起，面对亲人的相继离去，福贵没有一蹶不振，可是也没和命运进行殊死搏斗，而是在大雨倾盆的生命中蹒跚前行，面对着彼岸中一望无际的灰暗，老人只是默默忍受这所有的寒风苦楚，忍受着所有的大风大浪，在悲伤面前举杯离散，看似孤独得很圆满，实则还是苦命的一生，这就是顺从命运的下场。

如果他抗争了呢？结局会不会重新被书写，会不会最后不再是心酸眼泪，而是欢声笑语，你不知道，我不知道，也许余华先生也不知道。面对着一次又一次的磅礴大雨，哪怕是奋不顾身的冲出去，我想也许所有的勇气也一定会被消失殆尽吧。打响对命运抗争的炮火，吹起战争的号角，大张旗鼓可是却对挫折仍然无可奈何，即便是抗争，哪怕胜利了，也还是会被接下来的更漆黑的深夜所笼罩这吧。

其实满腔热血地去与命运抗争，最后也可能只是筋疲力尽，在命运的汪洋中没有前行的漂泊着，等待着接下来更大的惊涛骇浪。

所以到底是要抗争命运还是顺从命运，这是千百年来人们共同思考的问题。在挫折将人击倒后，有的人想自欺欺人地认为躺着就很舒服；有的人则是继续站起来同命运抗争，最后或是有尊严的屹立不倒，或是开始苟延残喘昏昏度日。

其实我认为人生就是一次漂洋过海的万里旅行，在漂泊中怎么可能不经历风雨，如果只是妄想打造金笼去锁住风雨，最后恐怕只是锁住自己，挣脱不出而越陷越深，如果只是拥抱着希望去等待风雨离开，最后恐怕只是水漫金山而无力回天吧。

那么为什么不去寻找一把伞去欣赏这阴风怒号呢？任凭狂风席卷着衣摆，也要屹立不倒，也许只要少许等待就会看见雨过天晴，最后的最后景象可能不是"春潮带雨晚来急，野渡无人舟自横"，而是"水光潋滟晴方好，山色空蒙雨亦奇"！

永远不要去任由时光流逝去打击自己，而是去给时间一丝等待，物极必反，也许风雨后的彩虹就在那一望无际的黑暗之中。

也许当你经历过抵抗之后，再加上少许的等待和顺从，那一束光可能会不远万里，不畏艰辛的跨过千山万水，准确无误地照在你的身上，当初那泥泞的道路，经过时光的开垦也许早已一路花香……

【问题导引】

文天祥说："山河破碎风飘絮，身世浮沉雨打萍。"强调的是个人与国家的命运紧密相关，有人说生不逢时，有人说人在江湖身不由己，面对波澜壮阔的时代背景，有人成为时势造英雄的典范，也有人成为时代的牺牲品。福贵的一生，经历了中国社会历史的转型变革时期，他的命运跌宕起伏，既有自身的原因，更有时代的烙印，你认为一个人如何去适应时代的发展变化呢？

一个人与一个时代

——谈时代对个体的影响

陈佩瑶

文天祥说："山河破碎风飘絮，身世浮沉雨打萍。"强调的就是人的命运与时代是紧密相连的。有的人成为时势造英雄的典范，也有的人成为时代的牺牲品，可以说，时代对人的命运产生了巨大的影响。

在《活着》一书中，身处民国时代的福贵，是一个放浪不羁的大地主的儿子。他吃喝玩乐，无忧无虑，直到输光了所有的家当。不但气死了自己的父亲，还沦落成了农民，不得不下地干活来谋生。后来，内战爆发了，给母亲抓药的福贵被抓去参军，所幸遇到了共产党，才从战场上活着回来。而他的母亲，则因为担惊受怕，积劳成疾先一步离开了人世。接着，福贵的儿子在"大跃进"中为别人输血过多而死，女儿在"文化大革命"中大出血而死。每一次的死亡，看似意外，却又是时代的必然。因为福贵身处在那个动荡的时代，所以他也漂泊不定，随波逐流，时代造就了他，使他从花花公子转变为辛勤的农民，时代也毁灭了他，让他在世界上举目无亲，孤独终老。

抗金名将岳飞，是中国历史上著名的军事家和战略家。他的武略兵法举世无双，是中国历史上最伟大的军事家之——生平大小130余战无一败绩。 他文才出众，儒雅博学，文学造诣颇高。他为人坦荡，胸怀广阔，还体恤百姓，关注生民。然而，由于他缺乏政治眼光，为人过于刚直，因此招致宋高宗猜忌，让秦桧将其处死。可以想象，如果岳飞生在其他时代，例如东汉末年三国时期，或许他会成为一方霸主，甚至能一统天下。 由此可见，如果不能顺应时代的发展，是很难有所成就的。

反之，汉高祖刘邦早期游手好闲，贪杯好色，或许他自己都没想过自己能争雄天下。论文韬武略，他远不及项羽，但他很会用人，手下还有张良、陈平这样的谋士帮忙出谋划策，对手项羽又是个刚愎自用的人，因此才夺得了天下。可以说刘邦的胜利，与他所处的时代和他个人的机遇密不可分，他就是被所处的时代造就的人。

那么，身处苦难时代和社会中的人们，究竟是应该去改变时代，还是成为时代的牺牲品呢？难道，穷苦的百姓，就不能决定自己的命运吗？在秦二世当政期间，他施行暴政，令百姓苦不堪言。农民出身的陈胜和吴广以戍卒的身份被派往渔阳，而当他们一行人走到大泽乡时，遇到了大雨，无法继续赶路，一待就是很多天，误了到渔阳的时辰。在秦朝，那是要被杀头的大罪，于是，他们就带领同行的戍卒一起发动了起义。虽然最后起义失败了，但那是中国历史上第一次农民阶级起义斗争，拉开了武装反抗"暴秦"的序幕，打响了"农民起义反暴秦"的第一炮。可以说，如果没有陈胜、吴广，就不会有刘邦、项羽。

由此可见，时代对个体的影响纵然是巨大的，然而当个体的力量足够强大时，就能改变一个时代。所以，我们不应该只会抱怨命运的不公，时代的压迫。毕竟美好的时代要靠你我共同开创。只有心怀天下，才方得始终。

庚　锋芒毕露

亲爱的同学们，阅读了整部书，又深入地探讨了几个人生话题，想必你对《活着》一书，也有自己独特的思考角度及感悟，拿起手中的笔，亮出你的观点，与大家一起分享你的阅读心得吧！

因为有爱，所以坚强

——读《活着》有感
张博钧

"老人黝黑的脸在阳光里笑得十分生动，脸上的皱纹欢乐地游动着，里面镶满了泥土，就如布满田间的小道。这位老人后来和我一起坐在了那棵茂盛的树下，在那个充满阳光的下午，他向我讲述了自己……"

家庭剧变、社会动荡、天灾人祸、生老病死，只有他——福贵，坚忍而顽强地活着，实践着战友老全的遗言，"死也要活着！"爹娘、家珍、凤霞、有庆、二喜、苦根……那些死去的亲人都活在他的记忆里，所以他喜欢讲述过去，喜欢回味那些含泪的温情。

爹娘之于福贵——呵护

输光了一百多亩地，爹气昏过去，在床上一躺就是三天。然后把房子和地抵押了三担铜钱，他让福贵自己挑进城还债。他没有打骂儿子，在临死前给儿子上了人生一课，财富是祖辈一个铜子一个铜子积攒起来的，毁掉就是一朝一夕的事。父母之爱子，为之计深远。父亲的死让福贵翻然悔悟，决心痛改前非、洗心革面、重新做人。

我娘坐到田埂上，看到我用锄头就常喊："留神别砍了脚。"

我用镰刀时，她更不放心，时时说："福贵，别把手割破了。"

我娘老是在一旁提醒也不管用，活太多，我得快干，一快就免不了砍了脚割破手。手脚一出血，可把我娘心疼坏了，扭着小脚跑过来，捏一块烂泥巴堵住出血的地方，嘴里一个劲儿地数落我，一说得说半晌，我还不能回嘴，要不她眼泪都会掉出来。

这一段写福贵的娘对福贵的关爱，慈母形象跃然纸上。孩子在父母眼中，就是永远长不大的孩子，有父母的呵护，福贵真幸福！

妻子之于福贵——不离不弃

福贵赌钱时，妻子家珍跪着求他回家，挨了两巴掌，被拖了出去，一个人走夜路回家，也不恨她的丈夫。生儿子前被接回娘家，儿子六个月大，她又回到婆家。换上粗布衣服，她整天累得喘不过气来，还总是笑盈盈的。她勤劳、朴实、贤惠、逆来顺受，是传统的贤妻良母。有爱人的相携相扶，生活真温馨！

儿女之于福贵——陪伴

凤霞是天天坐在田埂上陪我，她采了很多花放在腿边，一朵一朵举起来问我叫什么花，我哪知道是什么花，就说："问你奶奶去。"这么可爱的一个孩子，发一次高烧后就再不会说话了。后来，为了省下钱供有庆念书，想把凤霞送人。

送走凤霞那天，我到了田里，挥着锄头干活时，总觉得劲使不到点子上。我是心里发虚呀，往四周看看，看不到凤霞在那里割草，我难受得一点力气都没有。有庆边哭边喊："我不上学，我要姐姐。"

凤霞让别人领去几个月，她就跑了回来。就是全家人都饿死，也不送凤霞回去。一家人吃糠咽菜也高兴，有儿女的陪伴，其乐融融。

老了的福贵，有一头叫福贵的老牛陪伴，还有永恒的亲情相随，他活得坚强、乐观、豁达，他活在当下，也活在过去里。

百感交集话《活着》

邵小倩

"人是为活着本身而活着的，而不是为了活着之外的任何事物而活着。"

《活着》中的话一语道破生活的真谛。活着，本就是一件不易的事。人都是为了活着而活着的。人活着是一生，可是若真的死了，便也无足轻重。正如司马迁所说的，"人固有一死，或重于泰山，或轻于鸿毛。"

人一旦死去，万事皆空。所以我们只为活着而活着，就足够了。

余华笔下的福贵，是一个为了活着而活着的人。我仿佛看到这样一个男人：他从春天万物复苏时，便踏上了自己的遥远的旅途，一路上，他走过了似锦繁花，又穿过枯黄落叶，最终走到了万物萧条的冬天……在这漫漫人生路上，他遇到了许多人，也与许多人同行，可后来，其他人都像人生过客似的，行色匆匆，来不及挥挥手便离别去了。回首往事，站在岁月的尽头，又只剩下了他一个人。人生如过眼烟云，终究是时过境迁，物是人非。

有一首美国民歌《老黑奴》与福贵很像。"亲爱的朋友，都已离开家园，离开尘世到那天上的乐园。我听见他们，轻声把我呼唤。我来了，我来了，我已年老，背又弯。"这是相同的人，孤独的幸存者，也同样是见证了亲友的离去，人至暮年，感慨万千。

又似《目送》中所写，"有些事，只能一个人做。有些关，只能一个人过。有些路啊，只能一个人走。"

"我们活着，只考虑怎样活下去就够了。"活着就要随遇而安，将世俗看得轻。这似乎是一种淡泊名利，或是一种归隐。

古代像陶渊明一样归隐田园的人有很多，他们信仰"穷则独善其身，达则兼济天下"，过着隐逸的生活。有人说这是一种消极怠世，有人批判他们没有作为。但是，他们不正是为活着本身而活着的吗？归隐田园，也是一种活着，正因为他们的归隐，才有了陶渊明的《归园田居》，才有了王维的《山居秋暝》……他们的作品能够流传至今，就足以肯定他们重于泰山的灵魂。

死后无论是泰山还是鸿毛，与我们终无关系，我们活着不是为别人而活着的，正因为我们为自己活着，所以每个人都有权选择自己的生活，自己的活着。就像作者所说的"生活是属于每个人自己的感受，不属于任何人的看法"，所以，无论是归隐田园也好，行侠天下也罢，旁观者也无权去评论或者是批判他们，因为他们是为自己而活的，活着的事，与别人无关，既然他们能流传千古，那么他们无疑重于泰山。我们就只管做好自己吧，即使达不到千古流芳，也要让自己的价值比鸿毛重一些吧。

我们没有资格来评论一个人是否成功，因为成功与否都有两面性，我们因此也无法单一片面地评论福贵的人生是否幸福，因为每个人对幸福的定义都不同。在我们看来，也许只有一直幸福，过好日子，家人团聚，才是最大的幸福。但对于福贵而言，他既然能将自己的往事说出，说明他至少自己认为自己是幸福的，因此，我想我们也不能再用自己的标准来审视福贵的幸福与否了。

站在现实的角度上，天灾人祸，可能都是不可避免发生的，有许多人只是因为这些灾难就死去了，还有一些人因为别人的这些灾难而经受不了打击而死，所以，人性的脆弱之处就在这里。《活着》中福贵经历了将近十次的亲朋好友的死亡，他也从而走向了责任与担当，如果说每一次亲人好友的逝去，都会使他受到创伤，那么这么多次见证天灾人祸、生与死的福贵，应当早已满目疮痍了吧，可是他并没有消沉，至少在我看来，他还有活下去的勇气，这实在难得。

这本书真正的过人之处，不只在于对活着的感悟，更在于它的真实。福贵的经历在我们现在看来是不可思议的，但在几十年前不也有千千万万个福贵吗？现在生活好了，自然就少有人真正地去感受这样的生活，但余华先生用朴实无华的笔墨将这类普通人给写了下来，人们可能会从中体会到许多的感悟。

不同人看待事物的角度也不同，体会到的感悟自然也不同，正应了作者所说，"文学讲述了作家意识到的事物，同时也讲述了作者没有意识到的。""对于生活在社会底层的人来说，生活和幸存就是一枚硬币的两面。"作者对此领悟到的是，生活是自己眼中的，幸存是别人眼中的。事实如此，人们往往会随意给人贴上标签"幸福"或是"不幸"。所以也许在福贵眼中，幸福就是平凡活着，但在很多人眼中这样平凡活着也成了幸存。

或许一个人在不同的阶段，不同环境下读这本书，都会有不同的感受。也许沧桑，会使人对福贵倍感亲切。活着只为了活着，为自己而活着，希望我们都能活出最好的自己。

诗话《活着》

最近与同学们一起阅读余华先生的《活着》，开始还担心选文问题，阅读后，发现我们最开始的担心是多余的。白岩松说："中国人讨论死亡的时候简直就是小学生，因为中国从来没有真正的死亡教育。"生与死在孩子的笔下是什么样子呢？下面呈现的是我与初二·2班学生的部分诗作，以向活着中的人们表达敬意！

怀　念

张博钧

垂暮的老牛哗哗地耕耘，
垂暮的老人唱着旧日的歌谣
阳光布满夏日的午后
如烟的往事飘过心头

曾经年少轻狂不知愁
有多少青春财富可以挥霍放纵
三担铜钱磨破了肩膀
五亩田地怎度余生

老母妻子相依相伴
贫穷的日子虽苦犹甜
生命长短不由人说了算
快乐就是活着的信念
垂暮的老牛哗哗地耕耘
垂暮的老人唱着旧日的歌谣
活着的人苟且活着
一个人把亲人幸福地怀念

活 着

马志鹏

在那个悲伤而又坚强的故事里　　　　到最后
一片原野，两个生命　　　　　　　　却只有一头牛来陪伴
一人，一牛　　　　　　　　　　　　时代改变了人生
这就是结局　　　　　　　　　　　　改变的不仅仅是这样一个福贵
人生如戏　　　　　　　　　　　　　更有千千万万个福贵
富贵到贫穷　　　　　　　　　　　　他们拥有过
风光到落寞　　　　　　　　　　　　也失去过
人生如梦　　　　　　　　　　　　　就是那样地活着
凤霞、有庆、二喜、苦根……　　　　真实地活着
一个个真实存在过

活着的方式

赵晓雨

苦难，是富贵一生活着的方式
也是富贵一生坚强的标志

苦难好似一个影子
无时无刻跟随着富贵
在家变得一无所有时
被充军
亲人一个个离他而去
接二连三打击着刺痛着富贵的心

不管苦难给了他多少创伤和打击

他依然活着

在苦难中活着

在活着中苦难着

这就是福贵苦难的一生

活着的一生

一个人，一头牛

邵小倩

大地广袤

夕阳西下

拉长了

两个寂寥的黑影

他们是命运的弃儿

孤独的幸存着

一个人，一头牛

伫立在原野

记忆如风

往事如烟

在天地间飘散

一个人，一头牛

远望凄美的天边

沉浸在

不可重来的

美好记忆之中

嘴角微扬

那是苦涩的笑容

一个人，一头牛

饱经风霜

看尽世间的生死离别

只有活着

才是他们唯一的奢求

夕阳殷红

终有落时

正像他们走到生命暮年

一个人，一头牛

终将消逝在

冷清苍茫的月夜

一声牛哞，一首歌

邢嘉仪

在那个遥远的山村
一声牛哞，一首歌声
悠远冗长，婉转动听
早年的浪子，挥金如土
晚年的老人，随遇而安
如梦似幻的赌博生涯
伴随着你的执迷不悟
腰缠万贯，毁于一旦
面临家道中落
你奋起反抗
寒风苦楚
凄冷的深夜中你独自一人陪
伴有庆
等风等雨
却等不回他
面临妻离子散

你微笑告别
也许是不舍，是不甘
但家人始终藏在你嘴角的蜜
意中
不离不弃
你眼角里闪烁着的是幸福
你心中温暖着的是家人
伴随呼吸一次次加重
伴随心跳一次次加快
面临悲欢离合
在漆黑中一人蹒跚前行
我们却从未忘记
您一直活着
在那个遥远的山村
一声牛哞，一首歌声
悠远冗长，婉转动听

一生

王雅静

一生
说长不长
说短不短
期间

经历风雨与彩虹
终究
抵不过命运的安排
一生

福贵饱经沧桑

家珍不离不弃

凤霞乖巧懂事

有庆天真烂漫

一生

儿时，嗜赌成性败光家产

成年，被迫当兵辛苦劳作

老后，孤苦伶仃老牛相伴

一生

跌宕起伏

穷愁潦倒

生死离别

坦然面对

一生

似一壶浓茶

苦后回甘

一生

似一杯咖啡

慢慢回味

一生

似一颗糖果

甜蜜动人

一生

说长不长

说短不短

老牛，你好

靳日隽

老牛啊，老牛

不知你现在是否康在

是否安好

你是否与父辈一样

一生经历了太多的变故

你也曾失去过自己的亲人吧

你也不愿意回想吧

只想把它埋藏在心底吧

还是等到夜深人静

你在慢慢回忆呢

我想

抚摸着你那伤痕累累的犄角

抚摸你那看似坚强却又柔软的皮毛

仔细注视着你那沧桑的脸颊

倾听你那悠长又浑厚的嗥叫

我想

你也希望回到青春年少之时

再经历一次那困苦却又甜蜜的时光

也许在梦里

你那段时光,正值青春年少

那金红色的夕阳披在你身上

温暖温柔

犹如童年梦中的家人一样

活着

姚佳琪

黄昏的余晖

将他的身影逐渐拉长

苍白的头发

眼角的丝丝皱纹

是他一生的经历

青年时

挥耗家产

中年时

忍受悲苦

晚年时

孤苦相伴

无人知他内心承载了多少悲痛与欢乐

无人知他一生终究幸福还是凄惨

活着，也许是一种慰藉

问他为什么活着

为明天拿起希望之笔

为明天着上绚丽的色彩

拿起希望之笔

为明天写下悼词

看夕阳中

那对身影

那么长，那么长

活着就是希望

钟宪涛

晨雾朦胧

一半儿浸湿了改名换姓的五亩良田

一半儿粗糙了曾经肥嫩挥霍的双手

一半是苦，一半是甜

月辉清冷

一半儿洒在荒郊的座座新冢

一半儿消失在生者深不见底的漫漫长夜

一半是死,一半是生

残阳如血

一半儿催促着步履蹒跚的老牛

一半儿映红了福贵布满沟壑的脸颊

一半是幸存,一半是生活

生命没有绝望,活着就是希望

辛　百家争鸣

【推荐阅读】

【1】范美忠:虚假而失败的《活着》

【2】生命的悲歌——解读余华《活着》

【3】活着,其实很简单——对余华《活着》的解读

【4】余华的生存哲学:以《活着》为例

【5】论余华《活着》中福贵的典型形象

第二章

理论之路

——基于建构主义学习理论的初中名著阅读实践研究

第一节　绪　论

一、问题的提出

《普通高中语文课程标准（2017年版）》（以下简称《语文课程标准》）指出，"工具性与人文性的统一"的是语文课程的基本属性。其中"学生是学习的主体""尊重学生在语文学习过程中的独特体验""逐步形成良好的个性和健全的人格"等，体现学生主体性的教学理念在课标得到进一步强化。在2017课程标准中明确指出："语文课程必须根据学生身心发展和语文学习的特点，爱护学生的好奇心、求知欲，鼓励自主阅读、自由表达，充分激发他们的问题意识和进取精神，关注个体差异和不同的学习需求，积极倡导自主、合作、探究的学习方式。"[①]

自2017年开始，统编本语文教材已由在部分城市试点到全面使用，形成了"教读—自读—课外阅读"三位一体的阅读体系。初中"名著导读"，改变以往那种"鉴赏感悟"教法，注重"一书一法，一课一得"，名著阅读侧重引导学生学习某一种文体的读书方法，如浏览、批注、选择性阅读、读整本书、读不同文体等等。课后思考题或拓展题更具有开放性和思辨性，更加重视学生自主阅读实践，努力做到课标所要求的"多读书、读好书、好读书、读整本的书"。

建构主义学习理论在20世纪90年代传入我国，强调学习者的主动性，认为学习是学习者基于原有的知识经验生成意义、建构理解的过程，而这一过程常常是在社会文化情景互动中实现的。在教

---

①中华人民共和国教育部.普通高中语文课程标准：2017年版[S].北京：人民教育出版社,2017：1.

学中,以学生为中心,教师是为学生提供知识自主建构的帮助者,这为统编初中语文名著阅读提供了理论基础。

二、研究的动因

第一,这是时代发展的需要。我们现在正处于一个知识爆炸的时代,人类在石器时代经历了 2 万年在铁器时代经历了 2 000 年,在机器时代经历了 200 年,在 20 世纪末的最后的 20 年中,我们又进入了网络时代,大数据、互联网、人工智能让人眼花缭乱。历史告诉我们人类社会进入了突飞猛进、知识迅猛发展的时代。传统的以讲授知识为主的教学方式,很显然无法适应现代社会的发展。对应的名著阅读具体表现为流量时代在互联网读书成了我们获取知识重要手段,各种读书 APP 层出不穷,大量的书籍充斥在互联网上。互联网上的阅读书目鱼龙混杂,不良作品层出不穷。如果学生不能学会阅读方法,不能学会自主地去建构知识,用审辨的视角阅读名著,那么学生就会迷失了双眼,找不到自我发展的正确路径。

第二,这是落实核心素养的需要。我国在 2016 年 9 月正式公布的中国学生发展核心素养,其中包括社会参与、文化基础、自主发展三个维度,指明了全面发展的人需要具备的品格和能力。其中,自主发展是核心素养的重要标志,但在现实中,以教师为主体的教学方式在基础教育中仍是司空见惯,阻碍了学生的自主发展。同时在核心素养中特别强调批判质疑,理性思维和批判质疑作为科学精神的要点被明确提出,人们已经意识到培养思维品质是发展智能的突破口,作为高品质思维之一的批判性思维,在学生的终身发展中起着至关重要的作用。2017 年,我国《普通高中课程方案和课程标准(2017 年版)》对教育目标的表述是,需要帮助学生在现实的情境中对各种复杂的挑战或问题进行审慎的思维和判断……从中可以看出,我们的课程方案和课程标准已经把批判性思维列在重要的位置,对思维的深刻性、灵活性、敏捷性、批判性和独创性提出了要求。但在名著阅读教学中,遵循情节形象主题阅读模式,固守已有的文本解读,扼杀了学生的批判质疑精神。

第三,这是学生身心发展的需要。青少年正处于身心发展的重要阶段,在这个时候他们还没有形成自己的人生观、价值观和世界观,他们对客观世界的判断还更多地依赖感性。多变迟疑是他们此时的身心特征。当然从另一个角度看,他们的可塑性也是非常强的。优秀的阅读作品往往能够塑造人格,陶冶情操,锤炼意志。此时如果教师能够正确地加以引导,以名著作为载体,帮助学生自主构建自己的三观,促使学生成为一个全面而有个性发展的人。

第四,这是整本书阅读教学现状需要。语文新课程标准中明确指出:七到九年级的学生应该"学会制订自己的阅读计划,广泛阅读各种类型的读物,课外阅读量不少于260万字,每学年阅读两三部名著"[①]并要求学生"读整本的书",因此读整本书成为当前语文教育界的重要话题之一。但是当前名著阅读的现状不容乐观,有的缺乏规划,目标不明,自由散漫,阅读指导流于形式,缺乏实效;有的比较肤浅,仅仅停留在检查进度或兴趣导读上;还有的甚至纯为应试的阅读,教师采用灌输式阅读指导,教师为学生提供的是缩水的快餐式阅读,忽视了学生的主体性,造成学生被动式阅读名著。

三、研究目的和意义

(一)理论意义

实践需要理论的支撑和指导,虽然在我国传统教育中整本书阅读历史悠久,但是并没有形成专业的系统的全面的整本书阅读理论知识。目前来看,大部分教师对整本书阅读的认识大多还停留在经验阶段,缺乏

---

①中华人民共和国教育部.普通高中语文课程标准:2017年版[S].北京:人民教育出版社,2017:4.

可靠的理论支撑和引导,所以本文将建构主义学习理论与整本书阅读结合起来研究,以此改变整本书阅读缺乏理论支撑的现状,完善我国整本书阅读的研究理论。

(二)实践意义

第一,有利于改良整本书阅读教学生态。整本书阅读在现实中受时间限制以及考试压力的影响,存在叫好不叫座现象。名著阅读的时间从哪里来?如何阅读?如何评价?这一系列的现实问题,使名著阅读被边缘化。于是名著阅读长期处于放任自流、自生自灭的状态。学生阅读处于休闲状态,数量偏少,阅读内容杂乱,阅读习惯失当,阅读质量低下,名著阅读的生态环境濒临沙漠化。初中名著阅读教学研究可以有效改变当下初中名著阅读教学中存在的不良现状,从建构主义的视角研究名著阅读教学,可以改良名著阅读生态环境,有机会解决上述问题。

第二,有利于教师树立正确名著阅读教学观。建构主义学习观下的教师,不是学生学习知识的传授者,而是学生自主建构知识的帮助者。通过对初中名著阅读教学的研究,在今后的教学过程中,对比归结出初中名著阅读教学存在的问题及其产生的原因,在建构主义学习理论指导下,教师可以更好地把握初中生名著阅读应达到的能力水平,探索名著阅读教学的有效策略,培养学生良好的阅读兴趣,引导学生自主构建符合自身发展规律的名著阅读方法,协助学生养成终身阅读的习惯。

第三,有利于培养学生独立自主的人格。著名教育家蔡元培曾说:"教育者,非为已往,非为现在,而专为将来。"学校是学生成长的家园,教育既要关注眼前的殷实,更要关注学生未来的美好,能够"治未病"。未来社会纷繁复杂,我们需要的不再是博学家,我们需要的是能具有批判性思维和创造性思维的人才。基于建构主义理论的名著阅读就是要学生学会质疑批判建构的阅读习惯,学会客观理性的思考,勇于表达自己的观点,条理清晰地证明自己的观点,为培养其独立人格,为未来走向社会,打下坚实的基础。

四、研究思路和方法

选题依据语文课程标准、中国学生核心素养、建构主义学习理论,对统编初中整本书阅读展开研究。主要运用问卷调查法和访谈法。

第一步,梳理建构主义学习理论研究成果,中国学生发展核心素养以及初中生身心发展阶段,整本书阅读国内外发展现状,确定整本书阅读的理论基础。

第二步,以文献研究为基础,设计调查问卷以及访谈问题,分析初中整本书阅读教学的师生现状,归纳出整本书阅读存在的主要问题。

第三步,依托建构主义理论以及具体的教学方法,寻求破解整本书阅读现状和解决问题的策略。以《骆驼祥子》为例,详细阐述建构主义下的整本书阅读实践过程。

第四步,分析与讨论,尝试回答文献的问题以及研究的新发现。提出实践中面临的问题以及解决对策。

第二节　文献综述

建构主义最早于 20 世纪 60 年代由瑞士认知心理学家皮亚杰提出,建构主义是在原来的认知学习理论基础上建立起来的。建构主义强调学生在学习过程中主动建构知识的意义,主张在接近现实的情境中,学习者以个人原有的知识储备、认知视角和心理结构为基础来建构和理解新的知识。所以,建构是对新知识意义的理解建构,同时又包含对原有经验理解的改造和重组。建构主义学习理论倡导以学生为主体,以教师为主导,强调学生的主体性和教师的主导性。

代表性的人物有皮亚杰、奥苏伯尔、布鲁纳、维果茨基等。20 世纪 80 年代,形成了较为完备的建构主义学习理论体系。建构主义知识观、学习观、学生观与我国 20 世纪 80 年代提出的素质教育、2016 年发布的中学生核心素养不谋而合。"虽说是一种有效的学习理论,也无法告诉我们如何进行课堂教学,但他确实可以为我们提供一个发现一般教学原理的最切实可行的起点。"[①]在这样的背景下,建构主义学习理论逐渐在我国被研究推广和使用。

　　整本书阅读在中国由来已久,《论语》中就有这样的语录:"不学《诗》,无以言。"强调读整本书的重要作用。后来的"四书""五经"是历代士人必读的整本书。一直到近代,历经几千年的传承演化,我国逐步形成了一套相对完整的整本书教育体系。直到清末民国初年,西学东渐,效法美日的西式分科教学在我国现代教育才逐渐形成。阅读对于个人提升思想修养、增强民族整体素质、实现国家兴旺发达有重要作用。特别是整本书阅读,由于篇幅更长,主题多元,内涵丰富,对于学生养成阅读习惯、开阔视野和提升思维能力有着重要意义。近代以来,整本书阅读再次被学者以及国家所重视。1941 年叶圣陶在《论中学国文课程标准的修订》中指出:"国文教材似乎该用整本的书,而不该用单篇短章……退一步说,也该把整本的书作主体,把单篇短章作辅佐。"1949 年,《中学语文科课程标准》中做了这样的表述:"中学语文教材除单篇的文字外,兼采书本的一章一节,高中阶段兼采现代语的整本的书。"2017 年《普通高中语文课程标准》在教学建议部分,做了这样的表述:"培养学生广泛的阅读兴趣,扩大阅读面,增加阅读量,提高阅读品味,提倡少做题,多读书,好读书,读好书,读整本的书。"

　　为构建教育良好生态,有效缓解家长焦虑情绪,促进学生全面发

---

①施良方.学习论[M].北京:人民教育出版社.2001:21.

展、健康成长。2021 年 7 月，中共中央办公厅、国务院办公厅印发了《关于进一步减轻义务教育阶段学生作业负担和校外培训负担的意见》。双减意味着增效，以学生为主体，提高课堂效率，双减文件精神与建构主义的宗旨完全一致，这也为建构主义在整本书阅读的实践运用提供了事实依据。

一、建构主义学习理论研究现状综述

（一）国外研究现状

20 世纪 80 年代建构主义理论逐渐成熟，经过了 20 年的研究，国外科学家取得丰硕的成果。其中美国心理学家 Herron 和 Bodner 认为建构主义理论在基础教育方面有极大的潜力，把建构主义理论与教学联系起来。进入 21 世纪，建构主义理论的教学主张，广为人们所接受。在课程标准、教材和教学过程方面的研究比较深入，但是在教学设计和教学实录研究文献较少，为数不多的具有代表性的著作如下：

Constructivism in Instructional Design Theory，该文对建构主义教学思路特征、优点和劣势做出解释说明的同时，内容拓展到建构主义教学设计和教学实录。

Constructivism and Technology：Instructional Designs for Successful Education Reform，该文阐述了建构主义理念及其教学原则，并对建构主义与现代教育技术早期结合的范例进行了介绍。①

（二）国内研究现状

20 世纪 90 年代，建构主义理论传入我国，国内众多学者从思想渊源、发

---

①徐少华.建构主义学习理论视野下的苏教版高中语文古典诗词教学研究[D].太原：山西师范大学,2019.

展阶段、核心观点等多方面对其进行了大量的分析研究，以下为代表性举例。

1996 年，北京师范大学张建伟、陈琦两位教授发表了《从认知主义到建构主义》一文，系统全面地阐述了建构主义的基本理念、主张和观点。

1998 年，北京师范大学何克抗教授先后发表了《建构主义——革新传统教学的理论基础》《建构主义教学模式、教学方法与教学设计》两篇论文，在前文中，何教授详细介绍了信息化背景下，多媒体普遍使用对建构主义在教学实践中的运用提供了条件，并坚信建构主义会在未来教学中拥有旺盛的生命力和影响力。后文中，何教授则进一步详细阐述建构主义在教学实践中运用的模式方法以及具体教学设计操作手段。

进入 21 世纪，建构主义在国内已经建立起了一整套成熟完备的理论体系，但也产生了新的研究动向，即对建构主义学习理论的质疑，主要体现在以下角度。

一是建构主义极端化的问题。南京师范大学教科院谭顶良教授在其著作《建构主义理论的困惑》[①]一文中指出，学习的意义建构必须重视，但知识的有意义接受也不可忽视，不能从一种极端进入另一种极端，传统的讲授式教学不可轻易完全抛弃。

二是建构主义适用性的问题。华中师范大学教学研究所石晓明在其著作《我国课程标准中的建构主义评价》一文中指出，建构主义视角并不能将所有的知识的学习囊括在内，部分知识如陈述性知识中的概念、理论等，传统讲授法应该更为合适。[②]

---

① 谭顶良，王华容.建构主义学习理论的困惑[J].南京师大学报(社会科学版),2005(06):103–107.

② 徐少华.建构主义学习理论视野下的苏教版高中语文古典诗词教学研究[D].太原:陕西师范大学,2019.

二、整本书阅读研究综述

（一）国外研究综述

世界上很多国家都对母语课程中的名著阅读做出过明确规定。他们规定中学生阅读本国以及世界上非常具有影响的文学、传记、历史、科学、艺术等经典作品。新加坡在《华文课程标准》的"课外阅读引导"部分中，将学生的课外阅读分为指定阅读与自由阅读。在苏联的帕夫雷什中学，教育家苏霍姆林斯基结合自己的教育实践，规定学生要必读 119 本名著。吕叔湘先生曾经在《关于中学语文教学的种种问题》一文中介绍："外国那些大学里头，特别是当研究生的，老师给你讲那么一次以后，开一个很长的书单子给你，三十本、五十本要你看。一门课是这样，两门课加倍，三门课三倍，你一定要在有限的时间里头，把大量的需要读的书都读了。这就得有一个本事，这个本事要训练。"

美国在"青少年名著计划"中，根据学生年龄心理特点，制定了具体的阅读书目和阅读材料。初中学生的阅读内容主要包括语言文学、自然科学、历史学、哲学及宗教学等方面。"青少年名著计划"主要采用师生共同探讨的读书方法，通过学生自主阅读、师生共同讨论，培养学生阅读、思考、交流、表达能力。同时，也为学生的写作表达打下了坚实的基础。

美国"青少年名著计划"的提倡者阿德勒在他的著作《如何阅读一本书》中明确提出了名著自主阅读的四个层次，即初级阅读、检查式阅读、分析式阅读、综合式阅读。[①]"青少年名著计划"所提出的各项阅读评估方法，有效地对不同层次学生的能力以及成绩起到了促进作用，学生逐渐养成了良好的阅读习惯，并能够独立进行思考，使这个计划取得了实际效果。

①Ｍ·Ｊ·阿德勒.如何阅读一本书［Ｍ］.北京：商务印书馆.2014：24-27.

（二）国内研究综述

整本书阅读在我国由来已久，清末民国初年的分科教学，冲击了整本书教学，但是仍不乏有识之士倡导整本书教学，如叶圣陶、朱自清等人一再撰文呼吁读整本书，他们亲自编著出版了《略读指导举隅》，以其中的七本书为例，通过书名、作者、目录、序言和跋、重点章节等相关内容进行阅读实践指导。1949年，叶圣陶在《中学语文课程标准》中明确要求："中学语文教材除单篇的文字外，兼采书本的一章一节，高中阶段兼采现代语的整本的书。"当代上海中学余党绪、深圳的倪岗等名师，在整本书教学中进行了大胆的实践，取得了较好的效果。2011年颁布的《义务教育语文课程标准（2011年版）》（以下简称《新课标》）明确"提倡少做题，多读书，好读书，读好书，读整本的书"，同时也明确了整本书阅读的总量和各学段的分量，在"关于课外读物的建议"部分列举了古今中外文学名著（有具体书名的20本名著都是整本书），还指出应该阅读科学与人文方面的各类读物，再次明确整本书阅读的重要性。2017年，随着《语文课程标准》的明确要求，各省许多中学、专家相继开展了整本书阅读课题的研究实践。

但新课标在"整本书阅读"方面只有战略上的建议，没有战术上的指引，也缺乏要素完整的课程建设，这就为整本书阅读的开展带来了操作上的难点。另一方面，当前国内对整本书阅读的研究虽已意识到"整本书阅读常规化""整本书阅读课内化"的重要性，但研究尚不够系统深入。

周益民、蒋军晶、岳乃红等人在小学整本书阅读课程实践领域大胆探索，取得一些成果，对推动整本书阅读起了积极作用，只可惜失之理论，不成系统。以"整本书阅读"为搜索关键词，在中国知网、维普资讯、万方等电子期刊网上可找到相关论文150多篇，主要聚焦小学阶段班级读书会的开展和具体阅读策略；与"初中"相关的仅有10多篇，高建伟（2013年）、来凤华（2016年）、张媛（2016年）、余党绪（2016年）等人均对整本书阅读的课型与策略有所论述，不过内容较为零碎，未成系统。对于广大一线教师来说，如何组织实施等具体操作仍不甚明了，更为完整的整本书阅读课程建设具有极强的现实意义。

2013年李怀源率先将"读整本书"与语文课程建设建立关联，2017年1月《中学语文教学》集中发表一组论文（徐鹏、吴欣歆、程翔），力倡整本书阅读走"课程化"之路；吴建英（2014年）、胡元华（2016年）、李卫东（2016年）、郑桂华（2016年）从对"课程"的不同理解出发构建整本书阅读课程框架。尤其值得关注的是郑桂华的论述，课程要素相对完备："一是区分课程形态，二是规定阅读篇目的范围，三是明确阅读方法，四是评估阅读结果。"[1]以上文献虽已提出整本书阅读课程化的概念，然而或未能覆盖课程的完整要素，或尚缺乏可普及的操作细节，对一线教师而言可借鉴度不高。

2019年以来，很多教师对初中名著阅读教学都做过不少的研究思考。其中的代表人物如余党绪、吴欣歆、倪岗等。

余党绪老师认为语文阅读教学质量的提高，应聚焦于批判性思维在整本书阅读训练中的特殊价值。在《走向理性与清明——整本书阅读之思辨读写》一书中，他从阅读教学的现状出发，寻觅改进途径，在教学实践中做了长文阅读、群文阅读、专题阅读、经典阅读等尝试，并认真地进行理性思考，剖析利弊得失，最后得出的发展趋势是"聚焦思维"。为此，他不遗余力地把"批判性思维"引入语文教学，探索"思辨读写"。有针对性地选择书目，在实施过程中，理性思考相随深入、调整、改进，学生受益良多。余老师的思辨读写策略主张与促进思维发展提升的语文学科核心素养要求一致，也是破解现实只关注情节内容等浅层次阅读的一剂良药。

---

[1]倪岗.中学整本书阅读课程实施策略[M].北京：商务印书馆,2018:3.

在《培养真正的阅读者——整本书阅读之理论基础》一书中，吴欣歆教授以其对语文课程与语文教学论的研究为学理支撑，以语文课堂教学实践的改进与语文教师专业水平的提升为追求，阐述了指导整本书阅读的策略构建、指导方案、教学设计、评价方式等方面，以求学生通过一定数量的整本书阅读实践，收到成为"真正的阅读者"的实效。吴教授特别强调要处理好学生自然阅读与教师指导之间的关系，充分尊重学生作为阅读者的权利，在学生需要帮助的时候提供真实的帮助，在学生寻求指导的时候提供有效指导。这与建构主义学习理论高度一致，也是本研究的理论基础。

倪岗老师注重整本书阅读的课程化，在《中学整本书阅读课程实施策略》一书中，倪岗老师团队构建了包括目标、内容、实施、评价四要素在内的语文整本书阅读课程系统。提出了"三三三制"整本书课程化阅读策略。以"语文读书会"为抓手，把整本书阅读落到实处，倪岗老师的研究初步建立了名著阅读课程化体系，为本研究的实践框架提供了依据，但是阅读内在动力不足，缺乏系统，可复制性不强，阅读实践还是倾向于情感内容，对于思辨阅读关照不够。

三、文献总结

通过上述文献整理得出：从对建构主义学习理论的研究来看，国内外学界主要侧重于从建构主义的思想渊源、发展脉络、核心观点等方面对其进行梳理分析研究，同时对该理论在教学实践中的应用进行了客观研究，针对产生的问题，特别是适用领域范围，提出了具体的应对策略及讨论，这对整本书阅读实践具有很强的现实指导意义。

从整本书阅读教学研究上来看，整本书阅读在逐渐引起关注，与国外相比，从阅读的种类上看，国内相对单一，倾向于文学作品；从阅读数量上看，国内阅读数量较少；从阅读策略方法上看，国内的相对零碎,缺乏系统。从国内目前的研究来看,整本书阅读课程目标、内容、实施、评价没有形成可操作体系,亟待深入。课程标准缺乏课程实施策略,现有零散研究实践操作性不强,整本书阅读课程建设不系统,碎片化阅读、功利化阅读盛行,学生的阅读时间不够。区域及教师个人存在局限性……这些因素制约着整本书阅读的大范围实施,进而导致中学生整本书阅读总体上处于缺乏正确引领和有效干预的原生状态,中学生阅读兴趣的激发、阅读习惯的养成、阅读方法的掌握、阅读量的积累、阅读质量的提升也不尽如人意。目前整本书阅读活动仅是优秀学生的个人行为、优秀教师的个体行为、优秀学校的个别行为,教师队伍存在"不愿做""不会做"的教学实施障碍。

第三节　理论基础

一、建构主义学习理论的基本观点

(一)知识观

建构主义认为我们无法形成对真实世界的正确认识,我们当下对世界的认识只是一种解释,一种假设,我们对客观世界的阐释只能在不断更新知识的过程中,无限制地接近真实的客观世界。知识是学习者在一定的情境中,在他人(教师和同伴)的协助或帮助下,借助必要的学习资料作为支架,通过自我意义建构的方式获得。

(二)学生观

学生是知识加工处理的主体,是意义的主动建构者。建构主义学习理论承认学生自身经验和个体间的差异,重视学生心理认知建构的积极性和主动性。要求注重学生个体差异,尊重学生的多样性,注重学生原有认识,主张因材施教,倡导学生根据自身情况对知识进行理解和建构。在教学实践中,学生的差异主要表现在学习的主动性,兴趣爱好以及学习的能力等,这就要求教师根据学生的学情特点,确定教学目标以及重难点,通过采用因人而异的分层次教学方法,多元的评价标准,促进每一个学生的健康成长。

(三)学习观

学习不是知识简单传递接收的过程,学习是学习者在已有认识的基础上,自己主动建构知识的过程。具体说是学习者通过调动和协调自身已有认知,在接近现实的情境下,通过师生、生生相互合作,进行新旧知识重组再造的过程。情景、协作、会话、意义建构[①]是它的特征:

情景: 学习情境的设置必须有利于学生对所学内容的意义建构。在建构主义学习环境下,"学习的实质是个体参与实践,与他人、环境等相互作用的过程,是形成参与实践活动的能力,提高社会化水平的过程。"[②]首先学习情境必须与教学目标相适应,其次在情境结果选择上,要设置两难答案,不要去设置标准答案和最优选项。最后,通过背景铺陈、培训环境布置、角色分工等,要让大家都能够进入到这个情景当中去。

协作、会话: 在学习过程中,学习主体需要在师生、生生的协作下,对学习资料搜集与分析,提出假设与验证,然后再相互协商,即对当前问题发表各自看法,对别人观点做出分析和评论。在这样的协作学习环境下,学习群体共同完成对所学知识的意义建构。在此基础上,个体也会完善现有的知识或者形成新的知识最终实现意义建构。

---

①王希华.现代学习理论评析[M].北京:开明出版社,2003:188-194.
②王文静.情境认知与学习理论研究述评[J].全球教育展望,2002(1):51-55.

意义建构：意义是指事物的性质、规律以及事物之间的内在联系。意义建构就是要帮助学生对当前学习内容反映的事物的性质规律，以及该事物和其他事物之间的内在联系达到较深刻的理解。从原有的知识经验生长出新的知识经验，形成新的理解和认识。

二、建构主义学习理论在教学实践中的应用模式

（一）支架式教学法

支架式教学法依托于维果茨基的最近发展区理论。支架式教学中，学习者好像是一座建筑，学习者学习知识的过程是在积极主动建构自身的过程，教师的教学好像建筑作业中的脚手架，协助学习者从一个高度走上更高水平，完成知识的自主建构。

"支架式教学应当为学习者建构对知识的理解提供一种概念框架，这种框架中的概念是为发展学习者对问题的进一步理解所需要的。"[①]支架式教学强调学生在教师指导下穿过就近发展区，达到潜在能力高度。在学习过程中，教师不能包办过多，指导成分应呈递减趋势，最终使学生形成独立探索的能力。支架处于学生的最近发展区，根据学生的认知发展变化及时调整教学支架，不能太难也不能太易。

支架式教学分为纵向、横向支架。纵向支架主要是为学生完成高难度任务提供必要的支持，如将困难的任务分解为若干简单的任务，提供完成任务必需的信息与条件，解决学生实在无法逾越的障碍。

横向支架主要是通过打比方、举例子、诘问等方式帮助学生将未知与已知联系起来，将不熟悉的与熟悉的联系起来。

---

① 何克抗.建构主义的教学模式、教学方法与教学设计 [J].北京师范大学学报（社会科学版），1997（5）：74-81.

（二）抛锚式教学法

抛锚式教学法又叫情境教学法或实例式教学。抛锚原指轮船被船锚固定，在建构主义学习理论中指学习活动要建立在具体问题上，这个问题就像轮船的锚一样，事件或场景如被确定，教学内容和教学进程就会沿着预定教学目标向前推进。

建构主义学习理论强调，教师在教学时要为学生创设具有吸引力的真实的问题情景，激发学生兴趣，使学生产生解决问题的欲望，通过教师对问题的系统设计梯度，通过学生间的互动、交流，凭借学生设计规划，材料的收集整理，互动交流，动手操作，形成成果等一系列教学过程，最终使问题得到解决，达到学习知识、提升能力的目标。抛锚式教学法一般包含创造情境—确定问题—自主学习—协作学习—效果评价等几个环节。

（三）随机进入式教学法

随机进入教学法是指在教学中，学习者采用多种方式和途径进入相同教学内容，每次的情境都是经过改组的，且目的不同，着眼于不同的侧面，从而对某个事物或某个问题获得了深层次多角度认识与理解。这种多层次多角度进入与传统教学的重复巩固知识不同，它不是对同一知识内容的简单巩固，而是每次都有不同学习目的和侧重点，在不同时间多次反复进入教学内容后，达到对该知识全面而深刻的理解，对事物内在性质、规律和事物之间相互联系获得理解把握，从而获得对所学知识全面而深刻的意义建构。

三、初中阶段学生思维发展水平分析

皮亚杰认知发展理论是探讨人类认识的个体心理的起源和历史发展，对于人类思维的发展皮亚杰认为有以下几个阶段：第一阶段为出生至 7 岁，这一时期是感知运动和形象思维阶段。第二阶段为 6 岁到 12 岁，这一时期思维由具体形象思维向抽象思维过渡，此期儿童的思维特点以自我为中心，他们很难从别人的观点（角度）看事物。第三阶段为 11 至 15 岁，这一时期为经验性抽象思维阶段，其思维还具有局限性，抽象的语言推理还不能进行，离不开具体事物的支持。第四个阶段为 14 岁至 18 岁，这一时期为理论为主的抽象逻辑思维阶段。这阶段已经达到了成人的成熟思维，是认知发展的最高阶段，能在头脑中将形式和内容分开，能根据假设来进行逻辑推理。同时皮亚杰认为上述思维发展并不完全遵循直线上升，更多的时候表现由量变向质变的飞跃式发展。[①]

随着时代的发展和科技的进步，在当今融媒体时代，学生的身心发展速度要远远快于皮亚杰的人类智力发展理论。初中生的年龄段在 13 岁至 16 岁，他们的思维方式已经进入抽象思维发展阶段，他们对于问题的思考愈发理性而深刻。

综上所述，建构主义强调发展学生获取知识的能力，力求让学生根据自身情况逐步发展自我认知能力，这种认识观与整本书保持着某种一致性：整本书作为一种内容丰富且无固定解读的书本形式，有广阔的理解空间，不同的认知水平必然会有很大的理解差异。在阅读整本书时，以学生已有知识经验为基础，体味书中情感，培养阅读能力。同时支架式、抛锚式、随机进入式教学方法，为整本书阅读提供了实践的理论基础与策略方法，让整本书阅读有理论可依据。初中生思维发展快速进入抽象思维阶段，学习的主体意识越来越强，以往的以师为本灌输式整本书教学模式再也不适应学生身心发展需求，更与课程标准以及核心素养要求相背离。因此，建构主义学习理论下的整本书阅读对培养学生自主建构知识的能力，提高学生的语文核心素养具有重要意义。

---

① 皮亚杰.发生认识论文选[M].左仁侠,译.上海:华东师范大学出版社,1991.

第四节 初中整本书阅读教学现状的调查研究

一、问卷调查法

（一）设计调查问卷

围绕当前的整本书阅读现状，笔者制定了初中语文名著阅读情况调查问卷（详见本章附录），该问卷由 20 道题组成，从学生对名著的情感态度、阅读方法、教师教学方法以及整本书阅读评价和阅读后续效果等方面，在自习课，由课代表发放给学生并回收问卷。

（二）问卷调查

1. 调查目的

发现学生在整本书阅读以及教师教学方法中存在的问题，并尝试运用建构主义理论，找到合适的整本书阅读路径。

2. 调查对象

在 QD 市某公办学校中，从七、八、九年级的平行班中，随机选取五个班级，每个班级随机选取十名学生，共计选取 150 名学生。

3. 调查内容

某校名著阅读的教与学的现状。

4. 调查方式

采用问卷调查方式，调查问题涉及学生阅读动机、情感、阅读方式，以及教学的方式和评价的手段。

5. 问卷的发放与回收

问卷共计发放 150 份，回收 150 份，回收率为 100%。其中有效问卷为 139 份，无效问卷 11 份，有效率为 92.67%。

6. 数据的处理

采用 excel 软件对调查数据进行统计分析。

（三）问卷调查结果分析

1.学生对待整本书的情感态度

学生对待整本书的情感态度（表 4-1）

问题	选项	百分比
你对整本书阅读所持的态度？	A.喜欢 B.一般 C.不喜欢	54.68% 41.72% 3.60%
你阅读整本书最主要的目的？	A.提升阅读能力 B.扩大知识视野 C.应付各种考试 D.丰厚文化积淀	23.02% 42.45% 12.95% 21.58%
你觉得现在的整本书阅读课堂教学怎么样呢？	A.非常喜欢 B.一般喜欢 C.不喜欢 D.讨厌	30.22% 64.03% 3.60% 2.15%
你不喜欢名著阅读的最主要原因？	A.老师讲解刻板枯燥 B.考试答题难度大,得分低 C.名著理解困难 D.试卷分值低,投入大与回报不成正比	5.04% 33.09% 53.96% 7.91%

从调查问卷中可以看出学生非常喜欢整本书阅读,其中 54.68% 的学生喜欢整本书阅读,不喜欢的只占到 3.6%,但是对于整本书课堂教学非常喜欢的学生就降到了 30.22%,导致学生不喜欢名著课堂的原因主要是整本书理解困难(53.96%),考试试题难度大、得分低(33.09%),可见现有的教学方式、评价抑制了学生阅读名著的积极性。另外学生阅读整本书的功利性比较强,其中扩大知识视野的占到 42.45%,丰厚文化积淀的只有 21.58%。这明显带有应试教育的阅读枷锁,势必束缚学生自主建构知识,走向教师主体的阅读模式。

2. 教师教授整本书的方式方法

教师教授整本书的方式方法（表4-2）

问题	选项	百分比
课堂上老师是如何进行名著教学的？	A. 老师讲台教授，学生听讲 B. 师生共同讨论研究 C. 学生小组合作探究学习 D. 老师要求学生自读	19.42% 48.20% 8.63% 23.75%
课堂上老师是否会采用如图片、视频等多媒体手段辅助教学？	A. 一直使用 B. 经常使用 C. 偶尔使用 D. 从不用	30.22% 48.20% 20.14% 1.44%
老师在整本书阅读教学时侧重哪部分知识？	A. 内容的提炼 B. 主要人物形象概括 C. 作品创作的相关背景 D. 答题套路与技巧	36.69% 42.45% 7.19% 13.67%
老师课堂分析名著人物形象或主题时是否坚持标准答案吗？	A. 完全遵照标准答案多 B. 参考标准答案时讲述自己理解 C. 完全表达自己理解感悟	5.04% 87.77% 7.19%
班级或者学校在课余时间会不会组织与整本书阅读相关的课外活动？	A. 经常有 B. 偶尔有 C. 从来没有	31.65% 56.12% 12.23%
你觉得你的老师整本书阅读课授课如何？	A. 注重引导学生，采用多种教学辅助手段，知识性和趣味性浓厚 B. 自读、摘抄、总结人物形象、完成读书笔记，课堂模式化 C. 老师提供考点材料，学生背诵，没有任何交流互动	61.15% 36.69% 2.16%

从教师整本书阅读教学中可以看出，教师在新课程理念下，教学方法发生了一定的改变，能够运用自主合作探究的教学模式（48.20%），注重知识性和趣味性（61.15%）。在课堂上，能经常运用多媒体进行教学（48.20%）。但是教师在教学重点的选择上，还是拘泥于传统的梳理情节（36.69%）分析形象（42.45%），对于

学生核心素养关注不够（如批判性思维）。在教学中，给学生搭建多元理解的空间不够，12.23%的学生从来没有参加整本书阅读课外活动，忽视学生学习主体地位，评价单一，更多地依靠标准答案（87.77%）。

3.学生整本书阅读课课堂表现

学生整本书阅读课课堂表现（表4-3）

问题	选项	百分比
在整本书阅读课，你的学习方式是什么？	A.背过教师提供的复习材料 B.小组交流展示 C.只是听讲，不做笔记 D.没有听讲	30.22% 63.31% 5.04% 1.44%
你能否主动参与到整本书阅读教学的各个环节？	A.主动参与，积极表达自身见解 B.只有老师提问时才会被动参与 C.从未参与过	58.27% 38.13% 3.60%
你在课堂学习中能够对所学内容进行批判质疑吗？	A.经常 B.偶尔 C.从不	12.95% 74.10% 12.95%
在整本书阅读课上，你的听课状态如何？	A.认真听讲，积极思考并得出自身见解 B.状态一般 C.状态较差 D.完全不在听课状态	59.71% 38.85% 1.44% 0.00%
课堂学习你能否掌握了必备阅读知识（如作者生平事迹、阅读方法、分析人物形象方法等)?	A.基本掌握 B.掌握较少一部分 C.完全没有掌握	58.27% 39.57% 2.16%

从学生的整本书阅读课堂参与度来看，学生能够主动参与课堂，积极表达自身见解（58.27%），小组合作是课堂经常使用的学习方式（63.31%）。但是有30.22%的学生学习方式是背过教师提供的复习材料，死记硬背，碎片化，应试型的教学方式还占据着名著课堂。74.10%的学生偶尔会有批判质疑，可见学生主动建构知识能力还未形成。学生能掌握了必备阅读知识（如作者生平事迹、阅读

方法、分析人物形象方法等），可见传统的整本书阅读教学方式还是有一定成效的。

4. 整本书阅读的评价及影响

整本书阅读的评价及影响（ 表 4-4 ）

问题	选项	百分比
你课后是如何阅读整本书的？	A. 翻看了解大体内容 B. 能对作品的主题提出自己的看法 C. 用老师讲授的方法阅读	36.69% 30.94% 32.37%
当班级同学的理解与老师给出的理解有分歧时,老师是什么态度？	A. 持否定意见,完全遵照自己的理解 B. 持肯定态度,尊重学生见解 C. 模糊处理,不表明意见	1.44% 94.96% 3.60%
你通过什么了解自身整本书阅读水平是否有所提高？	A. 老师评价 B. 自我感觉 C. 考试得分的高低 D. 不清楚	41.58% 15.25% 37.41% 5.76%
你会在课后主动阅读其他整本书吗？	A. 经常主动阅读 B. 偶尔阅读 C. 很少接触 D. 基本不接触	29.50% 56.11% 9.35% 5.04%
你觉得整本书阅读教学方式会不会影响到你对它学习兴趣？	A. 影响很大 B. 影响一般 C. 没有影响	17.99% 53.95% 28.06%

从整本书阅读的评价及影响角度来看,学生对于阅读整本书的评价来源于教师41.58%和考试37.41%,评价角度相对单一。教师课堂阅读教学对学生产生的影响甚微,28.06%的学生认为没有影响,只有17.99%的学生认为有影响。课后只有不到三层的学生会主动阅读,阅读习惯仍未养成,36.69%学生阅读整本书仍关注情节,缺乏理性思考。

二、访谈法

(一)受访人员确定

为了更好地了解整本书阅读教学现状,笔者选取了三所学校,不同年级,不同教龄的教师,他们拥有不同的教学风格,具有一定的代表性。

(二)访谈录和结果分析

访谈案例一

访谈对象:臧老师

访谈对象:现就职于青岛某所普通初级中学,中学初级教师,教龄3年。现执教七年级语文,具有一定的教学热情。

笔者:臧老师您好,作为一名年轻的语文教师,您能否介绍一下您用哪些方法判断学生读书的效果?

臧老师:设计相关题目上课提问;通过试题检测。

笔者:您认为现行整本书阅读教学面临的最大困难是什么?

臧老师:个别学生不自觉,要想督促每位同学都阅读完整本书比较困难;许多学生读书不求甚解、泛泛而读,对于人物形象、文章想传达的思想不加思考。

笔者:您是如何完成整本书阅读教学的?可以举一例加以说明。

臧老师:学生自主交流展示阅读成果。例:午自习抽出十分钟,学生通过提前准备的课件与稿子,向同学们分享阅读发现与心得,在这个过程中同学们可以交流、记笔记。

笔者:最近半年内,您读过了哪些书?

臧老师:《钢铁是怎样炼成的》《月光里的九瓶》《古典之殇》。

笔者:您在整本书阅读教学中,通常采用哪些策略?其中最喜欢是哪一种?原因是什么?

臧老师:内容重构、对照阅读、经典重读。最喜欢对照阅读策略,因为有助于在阅读过程中前后勾连，在人物和事物不同侧面、不同发展阶段之间建立联系，生成更丰富完整的认识。

笔者：请介绍一下，给您留下最深刻的一节整本书阅读课。

臧老师：最深刻的整本书阅读课是《水浒传》之鲁智深专题研究课。通过坐标曲线图的形式串联事件与人物形象，非常新颖，学生学习兴趣浓厚。

访谈一结果分析：从访谈分析中可以看出，在臧老师班级整本书阅读教学基本是缺失。学生阅读时间是在中午自习等零碎时间完成，教师基本是放任阅读指导的，教师对一本书的阅读没有整体设计和教学计划。对于阅读效果的评价比较单一，以考试性评价为主。从整本书阅读教学面临的最大困难访谈中可以看出，教师关注学生思维的发展，但在实践中，完全任由学生自主阅读，缺乏必要的引导。从教学策略的选择来看，教师关注了教学策略的运用，但在课堂实践中应用不多。从课堂教学手段上来看，教师注重采用创新形式激发学生的阅读兴趣。从教师阅读上看，教师阅读量偏低，阅读的种类比较单一。与前面文献中整本书阅读阅读教学现状中呈现的问题基本一致，我们只是在理论上意识到整本书阅读教学的重要性，但在实践中基本仍然是没有改变，因此整本书阅读教学的课程化实施显得尤为紧要。

访谈案例二

访谈对象：王老师

访谈对象：现就职于青岛某所普通初级中学，中学一级教师，教龄12年。现执教九年级语文，具有一定的教学经验。

笔者：王老师您好，作为一名骨干语文教师，您能否介绍一下您用哪些方法判断学生读书的效果？

王老师：读后感、相关试题检测。

笔者：您认为现行整本书阅读教学面临的最大困难是什么？

王老师：学生主动性不高，难以调动；课堂时间有限，难以形成集体讨论。

笔者：您是如何完成整本书阅读教学的？可以举一例加以说明。

王老师：以《水浒传》为例。前期带领学生观赏了两集央视版《水浒》电视剧，中间以家庭作业形式布置阅读，并要求做摘抄和写读后感，后期以测试题形式进行检测。

笔者：最近半年内，您读过了哪些书？

王老师：《黄帝内经》《你当像鸟飞往你的山》。

笔者：您在整本书阅读教学中，通常采用哪些策略？其中最喜欢是哪一种？原因是什么？

王老师：通常采用的策略包括，阅读导读部分，了解整本书的基本内容；阅读前言部分，了解作者著书的主要思路；阅读目录部分，了解整本书的逻辑线索；阅读书的主体部分，给予阅读方法的指导，如浏览、跳读、默读等，并采用旁批、圈点、勾画等方式来协助记忆。我最喜欢一种是领着学生阅读目录，通过阅读目录，可以将文本的主要内容做大概了解，并且可以激发学生的阅读兴趣，为后边的整本书阅读做铺垫。

笔者：请介绍一下，给您留下最深刻的一节整本书阅读课。

王老师：本学期我们学习了《水浒传》，在领着集体学习了之后。布置学生自主阅读，并选择其中最感兴趣的一个章节，通过小组合作舞台剧的形式展现出来。这个活动激发了同学们的极大热情，在展示环节，小组成员们跃跃欲试，活灵活现的表演、精彩纷呈的对白，让我印象深刻。通过这次活动，学生们既对人物形象、故事情节有了更深入的了解，也更愿意投入这本书的阅读，达到了很好的效果。

访谈二结果分析：采访对象二是一位中年骨干教师，我们看到的是在该教师班级里基本没有整本书阅读，看电视剧，回家摘抄，检测,就完成了整本书阅读,学生的整本书阅读基本处于无序状态,随意性特别强。教师在整个阅读中只扮演了布置任务和检测的角色。没有起到任何帮助督促作用。教师对阅读效果的评价比较单一,读后感和检测就是评价的标准。教师对整本书阅读推进困难认识还是有一定的误区,把责任推到学生、阅读时间等客观因素,没有从主观上寻求破解答案。对于阅读的策略,以及课堂形式创新教师比较关注。教师本人阅读量偏低,没有阅读习惯,制约了班级整本书推进。

学生在阅读时处于自然生长状态,没有具体的情景,教师必要的协作以及同伴的合作,很难产生有价值的意义建构。

访谈案例三

访谈对象:李莉老师

访谈对象:现就职于青岛某所普通初级中学,中学高级教师,教龄 27 年。现执教八年级语文,具有一定的教学经验和教学主张。

笔者:李老师您好,作为一名语文名师,您能否介绍一下您用哪些方法判断学生读书的效果?

李老师:我通常用课前 5 分钟讲故事的方式和试卷上名著阅读题的得分情况来判断学生读书的效果。

笔者:您认为现行整本书阅读教学面临的最大困难是什么?

李老师:我认为现行整本书阅读教学面临的最大困难是学生只为了考试而读,没有真正花精力去根据背景赏析其中的人物性格,理解这本书的社会意义。

笔者:您是如何完成整本书阅读教学的? 可以举一例加以说明。

李老师:以《骆驼祥子》为例,我按照以下几步完成整本书阅读教学:

一是在假期的时候,我会让学生观看《骆驼祥子》的电影版,并要求学生撰写 300 字以上的影评,开学要念自己写的影评。二是开学后,以人物分组,每个小组承担一个人物的性格赏析,当然,这是需要半学期来完成,在期中考试前,我会组织学生分享各组负责的人物性格赏析。三是每天都有阅读任务,不多,就读十几页,根据当天的作业量进行调整,检测方式是:每节语文课的课前5分钟,都会安排一位同学分享阅读的内容,或者阅读的心得。分享方式学生可以自己发挥,或思维导图;或PPT课件;或朗诵;或带领大家摘抄;或做读书卡片等等。四是每天午休前,观看10分钟以内的小视频(网络资源)。用以上方法,基本上可以完成这本书的阅读。

笔者:最近半年内,您读过了哪些书?

李老师:这半年内,我读过《追风筝的人》、《道德经》(还未读完)、《诗经》(还未读完)、《艾青诗选》、《儒林外史》(还未读完)。

笔者:您在整本书阅读教学中,通常采用哪些策略? 其中最喜欢是哪一种? 原因是什么?

李老师:我通常采用看电影、看小视频(动画版)、小组合作课前分享、做思维导图。其中最喜欢午休前看小视频的方式,因为这些丰富的网络资源很有趣,如"螺蛳名著",是动画形式,比较短,基本上都是7分钟左右,并且每集都会有一些知识点总结,学生随手就记录下来,一学期下来,学生也积攒了不少关于名著的笔记。

笔者:请介绍一下,给您留下最深刻的一节整本书阅读课。

李老师:我展示《傅雷家书》的一节课堂实录吧。

导入:这堂课我们学习《傅雷家书》中的第一则。家书就是家信。在今天这样一个时代,通信手段异常发达,可能同学们已经很少亲手去写一封信了……让我们一起进入《傅雷家书》,去看看一位父亲是如何在信中与儿子展开心灵对话。

整体感知:

师:昨天午休前我们看了"螺蛳名著"中的《傅雷家书》,请大家思考:

(1)傅雷是针对儿子的什么情绪写这一封信的?

（2）傅雷希望儿子做一个怎样的人？

（3）通过本文的字里行间，你能感受到傅雷对儿子怎样的感情？

（以下略）

访谈三结果分析：从整本书阅读实施过程来看，李老师的整本书阅读仍然停留在教师规定阅读进度，学生自主阅读分享，最后通过检测反馈的初级状态。整本书阅读无具体的目标和指导。对于阅读的目的仅仅满足于考试，在具体的阅读策略上能够采用思维导图，多媒体等。在课堂教学实践中，对于整本书的探究性价值定位不准确，还停留在单篇阅读的琐碎分析上。从教师阅读数量上看，比前两位略有增加，但是具体的阅读篇目仍然局限于学生阅读篇目，可看出教师以往的阅读数量偏低。

三、调查与访谈结果的探讨

（一）现行名著教学方法的优势与成效

现有的教学方式以教师为主体，教师引导学生把握情节，分析形象，探究主题，这样的教学方式能够在用时最少的情况下，帮助学生掌握整本书阅读的核心内容。教师编辑浓缩自己的阅读体验，是一种阅读经验的呈现，有利于学生在短时间内掌握名著阅读的考点，提高测试成绩。

我们可以看出在整本书阅读教学中，教师关注学生阅读兴趣的激发，能够采用读书会，读书沙龙，分享会等多种形式推进学生阅读整本书，

（二）现行名著教学方法的不足与原因

一是学生阅读主体地位被弱化。由于整本书阅读短期效益不明显，教师为学生提供缩水的快餐式碎片化阅读，整本书阅读变相为纯应试阅读，造成学生被动式阅读名著。学生的阅读兴趣不高，阅读

习惯并未养成，名著本身承载的文化功能被彻底抛弃，学生的学习主体地位被剥夺，无法自主建构知识体系，素养无法得到提升。

二是整本书阅读无目标规划，阅读不够深入。从调查问卷和教师访谈中，我们看出整本书阅读教学随意性特别强，教师没有整本书的阅读教学计划，目标不明。教师对于学生的阅读放任自流，只负责布置，缺少必要的指导和帮助。导致学生整本书阅读很难深入下去，只能流于形式，完成浅层次阅读。能够促进学生思维发展和提升的思辨阅读，因缺少教师必要的指导和同伴助读，在目前的整本书阅读教学中，被重视的程度还远远不够。

三是阅读评价单一，学校阅读对学生整本书影响甚微。阅读评价是阅读教学的终点和起点，只有极少数教师关注评价。教师们的阅读评价更多关注的是中考试卷要求，指向故事梗概、人物形象的低层次考试评价，将名著阅读引向歧途。阅读评价单一，窄化了整本书阅读的价值。

四是教师自身整体阅读状况堪忧。在我们调查中，教师的阅读视野比较单一，侧重于文学作品。教师的阅读量偏少。如果教师没有良好的阅读习惯和阅读量，很难培养出愿意读书的学生，因此提高教师的阅读量、阅读质量是促进整本书阅读教学的一个很重要的因素。

五是教师们在理论上认可提升学生的阅读素养，但在现实繁重课业负担下，碎片化、压缩版阅读又被频频使用，大部头作品很难推进，教师主导的阅读课成为主流。学生的自我建构得不到发展，阻碍了学生素养提升。

第五节 建构主义下的整本书阅读实践

针对以上的文献梳理,调查访谈分析,我们以建构主义学习理论、皮亚杰人类能力发展理论为依据,制定了整本书阅读实施方案。该方案主要包括阅读模式、阶段、课型、策略、方法以及评价六个部分。力求使整本书阅读从课程化的高度着眼,将整本书阅读从粗放型转向集约型:整本书阅读不仅要有具

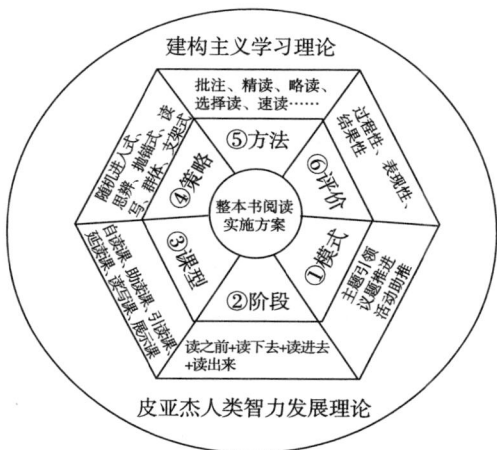

图1 整本书实施方案

体明确的目标、合理恰当的阅读书目与计划进度,真实有效的活动过程,而且还要有多元化的适合学生学习方式与表现性评价任务跟进,以此培养学生思维品质、审美情趣、文化理解等语文核心素养。

一、阅读策略

(一)群体阅读

建构主义学习理论认为学习是参与且内化与某种社会文化相关的知识和技能的过程,这个过程是通过一定的互助和合作来完成的。在整本书阅读策略中我们可以采用群体化阅读。

群体化阅读,可以在固定的时间内迅速形成师生、生生、亲子,共读、共谈、共写一本书局面,营造了一个强大的读书场。在这个阅读场中,书中的情节,人物的命运走向,人物形象的价值导向成为大家共同讨论的话题。如在《西游记》阅读中,同学们就对"孙悟空在大闹天宫中所向无敌,可在西天取经路上,谁也打不过"展开了激烈地

辩论与深入研究。书中情节之后的人文、地理、宗教等知识，也是同学们课上课下争相讨论的话题。群体阅读这种巨大的场效应，增强了活动的情境性。群体化阅读对个体的阅读体验，与外部世界的交流都有积极的影响作用。

（二）抛锚式阅读

建构建筑主义学习理论强调教学要以真实事例或问题为基础学习者，要获得某种知识所反映的某个事物的性质规律，或者某些事物之间相互联系的深刻认识，最佳思路是到真实环境中去感受，通过直接经历来感悟。如《苏东坡传》第十五章《东坡居士》一节，围绕"遁儿洗礼晏"设计如下的情景任务阅读。

遁儿洗礼宴

①如果苏轼为遁儿举行洗礼宴，请你替苏轼写五张邀请函，你会邀请谁呢？请说出理由。（理清人物关系）

②请详细地画出雪堂及周边示意图，以便参加宴会的嘉宾顺利到达目的地。（自然环境）

③如果苏轼亲自下厨，需要你外出采购，你会准备哪些食材呢？（东坡趣事——美食家）

④在宴会上，请你以苏轼的口吻向大家介绍一下朝云。（熟悉苏轼生命中第三位也是最亲密的一位女人）

⑤苏轼如果向遁儿说几句祝愿的话，他会说什么呢？（苏轼对人生的思考）

⑥送走客人后，请你替苏轼发一条朋友圈。看了他的朋友圈后，谁会与他互动呢？请写出具体互动的人及内容。（人物关系类）

——《苏东坡传》第十五章《东坡居士》

以上情境型阅读极大地激发了学生的阅读兴趣，在解决任务中了解雪堂的环境，梳理人物关系，理解人物形象以及此时苏轼的人生感悟，将知识与能力合二为一。

（三）随机进入式阅读

在教学中，学习者围绕着对某个事物或某个问题获得深层次多角度认识与理解，采用多种方式和途径进入相同教学内容，从而达到对所学知识全面而深刻的意义建构。在教学实践中，跨界阅读就是一种很好的随机进入式阅读。

运用跨界阅读从不同艺术视角观照、分析同一作品，包括文学、绘画、雕塑、建筑造型、音乐、舞蹈、戏剧、电影等多种艺术形式。[1]跨界阅读对于丰富教学资源，拓展文本深度广度，发展学生思维，提高阅读兴趣具有重要作用。如在阅读《智取生辰纲》一节，我们可以设计如下跨界问题：

①请以《都市晚报》记者身份，写一则新闻，报道黄泥冈发生惊天大案。（新闻报道）

②请围绕章节中的"智"字，设计思维导图，呈现"智取生辰纲"的情节过程。（思维导图）

③假如时光倒流，请你拟定一个"智护生辰纲"的计划书。（应用文）

④生辰纲被劫后，请代杨志发微信朋友圈，要求至少要有三个《水浒传》人物与其互动留言。（新媒体）

⑤郑振铎称《宣和遗事》是"最初的《水浒传》雏形"，请对比《智取生辰纲》与《宣和遗事》选段异同。（文史）

⑥杨志押送生辰纲行进路线指瑕。（地理）

以上通过新媒体、文史、地理等对智取生辰纲展开聚焦式阅读，每一维度的起点可能不同，但它们的终点均指向小说情节、形象、主题以及学生的自主意义建构。新闻报道概括小说内容；思维导图理清小说情节以及人物关系；计划书写作是为突出杨志人物命运；发

---

①吴欣歆．培养真正的阅读者：整本书阅读之理论基础 [M].上海：上海教育出版社,2018：88.

朋友圈是为了明晰人物关系；与《宣和遗事》比较以及路线图指瑕主要是拓展研究《水浒传》的成书过程和如何理解"艺术的真实"。这样多个维度在短时间形成合力、爆发力，教学重点得到充分体现，学生的思维也会得到发展。

（四）支架式阅读

"支架式教学有五个教学环节，搭建支架、创设情境、独立探索、协作学习、效果评价。"[①]一是搭建支架，确立目标。在此环节中，教师首先通过对学生的了解、课前测验等方式来确定学生最近发展区的平均值和最佳学习期，以此确定学习的目标以及重难点。在难点环节设置适宜的学习支架，帮助学生完成学习任务。二是设置情景。教师创设能引起学生情感共鸣的各类情境，让学生在情境中充分激发自己的学习灵感和认知欲望。情景教学可贯穿课堂始终。三是自主探究。该环节要以学生的自主学习为重点。在教师提出问题，或者学生发现了问题时，教师在合理范围内，给学生提供必要的支持，让学生经历思维的过程，进行高质量的自主学习。四是合作互学。该环节主要是以小组合作探究的形式进行。在探究过程中，相互启发，互相搭建学习支架，解决问题。五是课堂评价。该环节主要是要对学习过程和学习效果进行评价。主要包括自我评价、小组内评价、小组间评价。评价的对象不仅是最后所呈现出的可视化的学习结果，更多的是对学生在学习过程中所获得的自学能力和认知发展水平的评价。

二、实施路径

（一）读之前·搭建支架

伟大的作品诞生一定有浓郁的时代烙印，是生长在特定政治经济

---

① 何克抗.建构主义的教学模式、教学方法与教学设计 [J]. 北京师范大学学报（社会科学版），1997（5）：74-81.

文化背景下的，我们现在阅读经典作品，读者是站在现实的文化立场上去审视思考，从某种意义上讲读者与作品之间有了巨大的鸿沟，这就需要读者既要置身于作品诞生的时代去理解作品，又要以现实的身份去审视作品，这样才能读懂读深作品。这也就需要我们在读作品前，先对作者的生平、所处的时代、那个时代普遍的思潮有起码的了解，为学生学习搭建必要的学习支架，才能够在阅读作品的时候，不至于陷入主观臆断，这样在作品理解上的悟性会提高很快。

读之前主要介绍整本书的写作背景与成书过程、艺术成就和影响，以此激发学生的阅读兴趣，为整本书阅读提供必要的支架。

（二）读下去·创设情境

读下去就是对作品的原生态阅读，读懂情节是思辨阅读的基础、前提。在阅读内容时，结合学生的实际情况，尊重学生原有认识，创设情景，以学生自我阅读为主体，避免枯燥的程式化阅读，教师通过任务单、思维导图等推进原生态阅读。

1.任务型阅读

任务型阅读要求学生在阅读文章后完成一定的任务，这既是对阅读内容的考查，也是对知识运用能力的考查。如《苏东坡传》第十五章《东坡居士》一节，围绕"遁儿洗礼宴"设计任务型阅读。（图2）

以上任务型阅读极大地激发了学生的阅读兴趣，在解决任务中了解雪

遁儿洗礼宴

①如果苏轼为遁儿举行洗礼宴，请你替苏轼写五张邀请函，你会邀请谁呢？请说出理由。（理清人物关系）

②请详细地画出雪堂及周边示意图，以便参加宴会的嘉宾顺利到达目的地。（自然环境）

③如果苏轼亲自下厨，需要你外出采购，你会准备哪些食材呢？（东坡趣事——美食家）

④在宴会上，请你以苏轼的口吻向大家介绍一下朝云。（熟悉苏轼生命中第三位也是最亲密的一位女人）

⑤苏轼如果向遁儿说几句祝愿的话，他会说什么呢？（苏轼对人生的思考）

⑥送走客人后，请你替苏轼发一条朋友圈。看了他的朋友圈后，谁会与他互动呢？请写出具体互动的人及内容。（人物关系类）

——《苏东坡传》第十五章《东坡居士》

图2 《遁儿洗礼宴》任务单

堂的环境,梳理人物关系,理解人物形象以及此时苏轼的人生感悟,将知识与能力合二为一,发展学生的思维,尊重学生作为学习的主体,建构自己的知识体系,提升学生的核心素养。

2.思维导图

利用思维导图梳理小说情节、形象。如图 3 的情节发展进程图一目了然地再现了《水浒传》的链式结构。

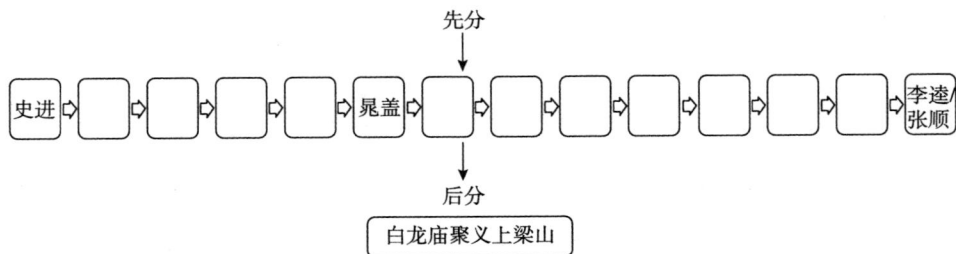

图 3 《水浒传》结构思维导图

对《水浒传》中的人物,我们可采用一定分类标准,对书中人物进行归类,为他们集体画像。分类的标准不统一,给学生保留了思维空间、创意的空间,具有较强的开放性,有利于学生以自己的知识积累为起点,建构自己的知识体系。如请你根据图 4 至图 6 的分类标准提示,完成思维导图填写。

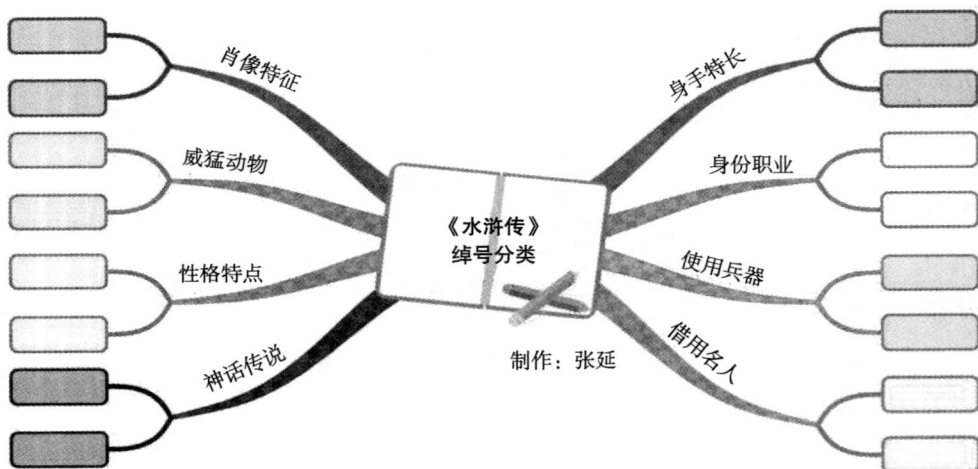

图 4 绰号分类

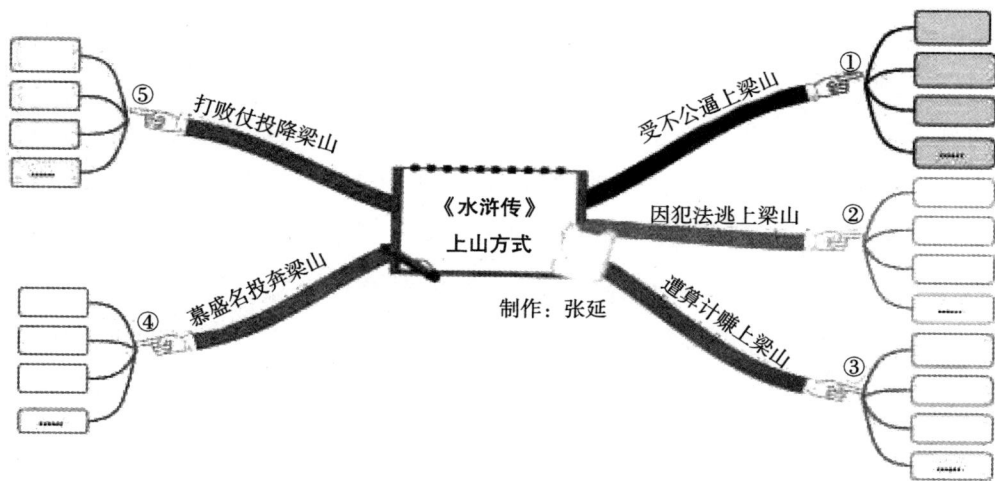

图 5　上山方式

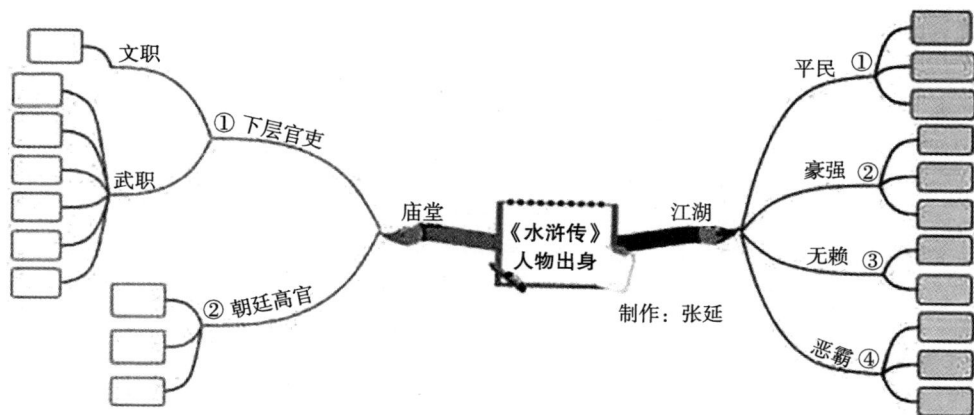

图 6　人物出身

（三）读进去·协作会话

会话是协作过程中不可缺少的环节,学习小组成员之间必须通过会话协商来探究研究学习任务。教师主要是通过主题引领,议题推进和活动助推,帮助学生搭建阅读的路径。

1. 主题引领,议题推进

"主题引领、议题推进"是读进去的主要模式。整本书与群文、单篇的价值分别在于探究性阅读、互文性阅读、基础性阅读。

整本书的主题是多元的,在尊重学生认知与接受水准的基础上,围绕其中一个"人文性"的主题展开抛锚式阅读。主题要体现作品的核心内涵,难易适中,以主题为统领,设置"结构性议题",为"发现"与"思考"提供阅读支架与路径。其中饱含了以下几层意思:

①从阅读自身价值上看,按照山师大潘庆玉教授的分类,整本书与群文、单篇的价值分别在于探究性阅读、互文性阅读、基础性阅读。[1]整本书的主题是多元的,围绕其中一个主题,由此展开系列议题探究,实现整本书阅读功能(价值)。

②从阅读逻辑上看,主题是全书的观点,议题是从多角度证明观点的论据或分论点(图7)。主题引领,议题推进,从逻辑上看,条理清晰,论证缜密,有利于培养学生逻辑思维。

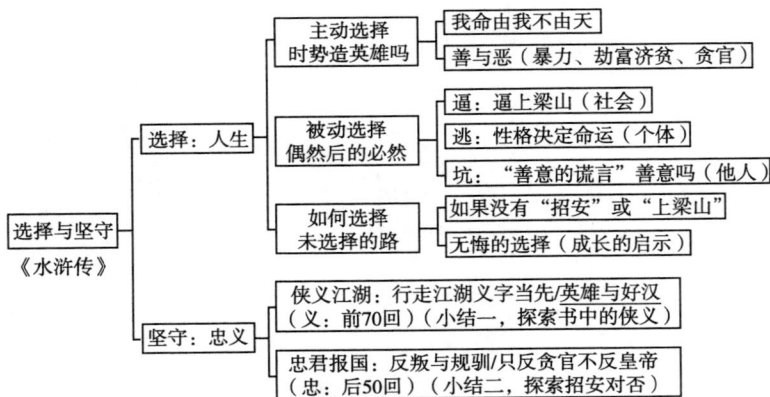

图 7 《水浒》主题、议题分解

③从阅读策略上看,首先"主题引领,议题推进,活动助推"拓展了阅读的空间,从书里到书外,从读到写,积累建构运用语言。其次改变了以往过分注重情节、形象、主题的读书方法,引导学生思读结合,走向思辨阅读。

④从阅读的成长功能上看,"主题引领,议题推进",也从另一方

---

[1]潘庆玉.开展群文教学应答好"四问"[N].中国教育报,2010-10-10(07).

面为我们展示了整本书主题的多元,启发学生意识到世界的丰富多彩,在未来能够全面客观地看待客观世界。从而树立正确的世界观、价值观。

⑤从教学行为上看,"主题引领,议题推进,活动助推"是建构主义教学的一种具体实施方式。丰富多元的主题如何确定?教师需要研究主体(学情,研究他们现实和未来的需要)和客体(整本书的特质),找到最佳的切入点,利用最近发展区理论,采用支架教学促进学生实现有意义的建构。

综上分析,"主题引领,议题推进,活动助推"模式兼具基础性、基本性和范例性特点,并对其他整本书阅读起到了良好的示范、范例作用。

2.活动助推

"活动助推"是整本书阅读实施最重要的方式,也是建构主义学习理论中会话的重要体现。处于青春期的学生,更加渴望来自他人的共鸣、认同和欣赏,活动为学生提供了充分的交流和展示机会,有助于学生提升自我认同感和群体归属感;依据学习金字塔理论(图8),在生生互动、小组互动、师生互动的交流讨论中,促使学生理解、分析、综合、比较、概括、抽象、推理、论证、判断等思维能力得到全面提升。

图8 学习金字塔

（四）读出来·自主建构

此过程是将阅读所得转化为表达资源，是学生自主建构知识的外显。"读"以致用，"学"以致用。此处的"用"不局限于写作，说话、交际和各种语文实践活动，包括万众瞩目的中高考，都在此范围之内。

如活动助推既是阅读的持续深入又是阅读的转化运用过程。在相关的读书活动如读书会、为书配插图、制作书签、读后感、辩论赛等活动中，为学生创设了阅读的情景，在具体的情境中，转化运用阅读内容，促使学生重读作品，理解消化其中的精髓，在实践中运用读书成果。如《苏东坡传》中，我们设计的活动助推是设计苏轼纪念馆（图9）。

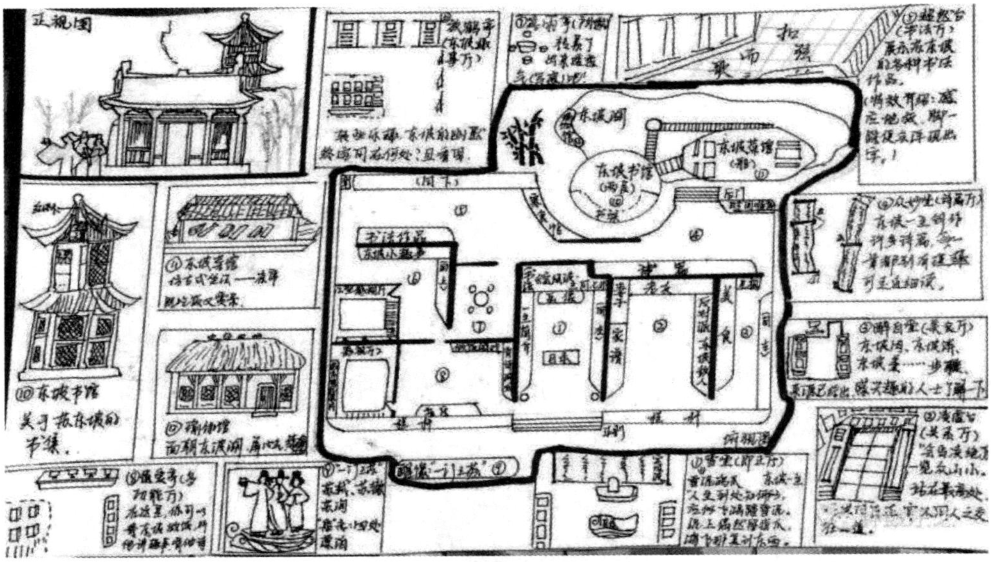

图9　苏东坡纪念馆示意图

一个好的纪念馆设计，不仅要与史实相符，还必须与环境协调；不仅表现优秀文化的传承，也要有现代因素的融入；不仅能将《苏东坡传》内容物化为展馆设计，更要能体现综合运用知识的实践能力……这一任务型活动设计，勾连课内与课外，不仅能考查对整本书的阅读质量，更能检测出学生对知识的建构以及对知识的运用创造能力。在相关的阅读活动中,交流分享,为学习主体搭建了与同伴互学会话的平台,加深了学习主体对知识的理解。

2.考试检测

另外关于考试评价。理想的名著评价应由注重识记转为理解分析应用,评价应该是多元的。从评价能力层级看,关注学生"独立思考"与"自主评价"的高阶能力。使得以往那种"突击式""快餐式"的投机取巧之法难以奏效。结合教学实践,名著阅读评价应体现思维能力、阅读方法、文本特征、整合阅读原则。如学生就某一话题,在不同文本间分析、综合、评价,得出自己独立观点,这种考题,对学生思维层级和阅读要求都比较高,有助于考查学生发展的核心素养。如 2018 年四川成都卷,鲁迅小说《故乡》中的"杨二嫂"最有可能是根据《朝花夕拾》中的哪位女性塑造的?理由是什么?

此题需要考生熟知课内《故乡》中杨二嫂性格特点,还需要调动前期整本书《朝花夕拾》中众多女性形象特征储备。在此基础上,找到与之性格相似的人物;最后结合具体的情节阐明选择的理由。这道题目实现了从课内到课外,从单篇到整本书,从虚构人物到真实人物的整合阅读,能考查出学生的语文素养。

三、实施课型

整本书阅读遵循的是"读之前,读下去,读进去,读出来"这种循序渐进,螺旋上升的认知过程。学生从阅读开始到与同伴、教师、世界对话不断拓展认识的深度,到对自我知识的建构,写出自我独特感悟结束,教师在此过程中起到的引领提升作用,是学生自主学习的帮助者。具体课型如下:

(一)自读课:倡导学生与文本对话。

在自读课中,学生可以批注阅读(概括式、评价式、分析式、想象联想式),记录下疑问。此课例主要对应的是作品通读阶段,如在阅读《西游记》时，学生找到近六十个问题，这些问题涉及作品的方方面面，可见学生阅读之广泛深入。

（二）助读课：鼓励学生与学生之间对话。

自主合作探究既是习新课程标准的要求，也是建构主义学习理论学习观中的会话学习。要求在助读课中，教师整合归纳学生在自读课中的问题，班级同学交流释疑。如在《狼图腾》的助读课中，老师将学生提出的问题加以梳理整合，发现共性的问题是：①对于狼，游牧民族

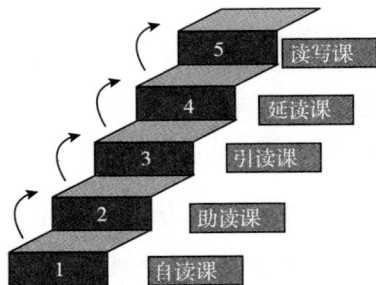

图 10　整本书阅读课型

和农耕民族为何会有截然不同的认识？②作者认为正是由于草原游牧民族的"狼性"不断给中原农耕民族的"羊性"输血，中华文明才得以延续至今。你同意作者的观点吗？课上同学们就这两个问题，展开深入地思考、探究、辩论，在会话合作中解决自读课中的问题。

（三）引读课：此课例主要对应的是作品议题推进阶段。

引导学生与教师、学生与学生对话。"建构主义学习理论在实际使用中的原则之一就是相关性，在教学中教师提出问题的性质，极大地影响学生回答的深度。"[1]教师应该设置动力十足的问题，引发学生进行深度思考。教师将自己的阅读体验感悟与学生进行碰撞，引领学生驶向思想的纵深处，亦可生发新的疑问，促进学生思维的发展和知识的有意义建构。[2]如在《活着》中，引领学生探讨如下议题："也谈富不过三代""由别去打扰别人的幸福说开去""面对挫折是抗争还是顺从""一个人与一个时代"，通过这样的议题，探讨作品

---

①曹玉芹.建构主义理论在教学中的应用[J].新课程（教育学术）,2010（11）：12.
②钟宪涛.五种课型助力 名著阅读生根[J].中学语文教学参考,2017（33）：57-58.

中的人生密码,促进学生知识建构,培养学生理性思辨力。

课后同学们留下了不少佳作:

晨雾朦胧 / 一半儿浥湿了改名换姓的五亩良田 / 一半儿粗糙了曾经肥嫩挥霍的双手 / 一半是苦 / 一半是甜

月辉清冷 / 一半儿洒在荒郊的座座新冢 / 一半儿消失在生者深不见底的漫漫长夜 / 一半是死 / 一半是生

残阳如血 / 一半儿催促着步履蹒跚的老牛 / 一半儿映红了福贵布满沟壑的脸颊 / 一半是幸存 / 一半是生活

——学生习作《活着就是希望》

(四)延读课:搭建学生与世界对话的平台。

教师给学生推荐与作品有关的影视作品、相关评论、创作背景等,将学生推向一个更高的视角平台,引导学生与世界对话,立体多维地审视作品。如在阅读《狼图腾》时,我们观看了《狼图腾》电影,比较电影与作品的异同,探讨其背后的猜想;同时我们也给学生提供了有关《狼图腾》的批判性文章,不拘泥于一家之言,尽量倾听多方面的声音,以此供学生自主选择,辨证阅读。

(五)读写课:展示学生阅读收获的舞台,是以读促写的落脚点。

学生用探索性写作展示自己的思考和创作,促进自我成长。于是在我们的名著辅助读本《名著中的人生密码》作品集中,留下了许多学生精彩的篇章,包含了他们对作品的独特思考:

你写一笔雨,那雨水就穿透层层云雾,打湿了书本。你甚至生怕纸页上长出一片竹林来。写一笔翠翠,那翠翠就乖乖巧巧地坐在船上,顾盼生辉,伶俐纯真。她在碧溪岨的静水里搅起波澜。

翠翠是渴望自由的,就像许多人一样。所以使她滋生出无限的哀愁,又说不出口。想逃走,又总有极美的山水画卷,爷爷的温情,带着灵性的万事万物羁绊着她。像温暖笼子里的小野兽,既想逃亡又割舍不断。这是她必不可少的痛处。

——节选自《边城》读后感

名著阅读的五种课型与阅读过程、策略有机结合(下图),引导学生从自我开始,到与同伴、教师、世界对话,直至表达自我独特感悟结束。在这样的阅读过程中,学生始终成为学习的主体,教师是学习的帮助者。最终学生不断丰厚对作品的理解,深入挖掘作品的人生内涵,促进知识的有意义建构,提升素养,实现名著阅读价值最大化。

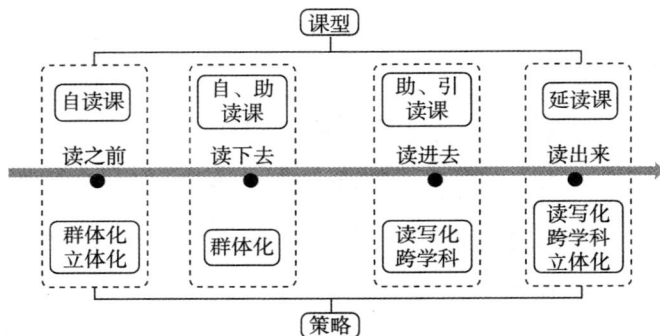

图 11　名著阅读策略、过程、课型示意图

四、阅读评价

(一)过程性评价

建构主义学习理论认为,对于学生的评价,要多用过程性评价,非判断评价。通过前面的调查问卷可以得出,外部多元评价对学生阅读兴趣的培养有着非常积极的意义。在名著阅读中,我们通过搜集反映学生语文学习过程和结果的资料,如阅读档案袋(右图《青春之歌》)、读书笔记、阅读小论文、研究性学习报告、创意性阅读与写作、提出有价值的问题数量等,

《青春之歌》阅读档案袋
1.阅读进度表
2.作品集
(1)读书笔记( )篇
(2)研究性小论文( )篇
(3)讨论记录( )篇
3.荣誉榜
(1)读书笔记范文( )篇
(2)是否是名著阅读十佳
(3)综合性学习活动奖
4.其他

图 12　阅读档案袋

尊重学生的阅读个性，为学生提供阅读多元评价的尺子。另外在过程性评价中，对于评价的主体避免只有教师，也可以在生生互动中让学生小组彼此评价。

（二）表现性评价

表现性评价是指教师让学生在真实或模拟的生活环境中，运用先前获得的知识解决某个新问题或创造某种东西，以考查学生知识与技能的掌握程度，以及实践、问题解决、交流合作和批判性思考等多种复杂能力的发展状况。项目制学习或任务型学习是表现性评价经常使用的方式。如在前文阅读过程"读出来"阶段"活动助推"中的苏东坡纪念馆的设计，就属于表现性评价。

（三）考试性评价

建构主义理论承认学生的个体差异，承认学生原有认知水平对学生自主建构的影响，承认知识并非权威不变的永恒真理。在考试评价中，避免出现单向选择、填空这种指向具体内容记忆的试题。问题答案避免设置标准答案，要尊重学生的元认知，体现整本书探究性阅读的价值。如 2017 北京高考微写三选一中的第三题：如果请你从《边城》里的翠翠、《红岩》里的江姐、《一件小事》里的人力车夫、《老人与海》里的桑地亚哥之中选择一人，依据某个特定情境，为他（她）设计一尊雕像，你将怎样设计呢？要求：描述雕像的体态、外貌、神情等特征，并依据原著说明设计的意图。这样的试题评价，更具开放性、包容性，更能考查出学习主体的独特理解，将名著阅读与写作结合起来，读与不读，读多读少，读深读浅，就会明显区分开来。

五、阅读实践——以《骆驼祥子》为例

实践是检验真理的唯一标准。在前面通过建构主义学习理论梳理，我们为整本书阅读实践研究找到了理论支撑，我们通过文献梳

理以及调查问卷和教师访谈,发现了现行名著阅读教学问题对于这些问题及产生的原因,我们提出了相应的教学策略,这些具体的教学策略在教学实践中运用得如何呢?我们主要通过《骆驼祥子》这样的一个课堂教学课例来加以验证。

(一)阅读计划

《骆驼祥子》一书,结合学情我们确定的探究性主题是"时代一粒尘,个体一座山"。本书我们需要用五个议题来完成读进去。每一议题的设置,紧扣整本书主题"个体与时代关系"。

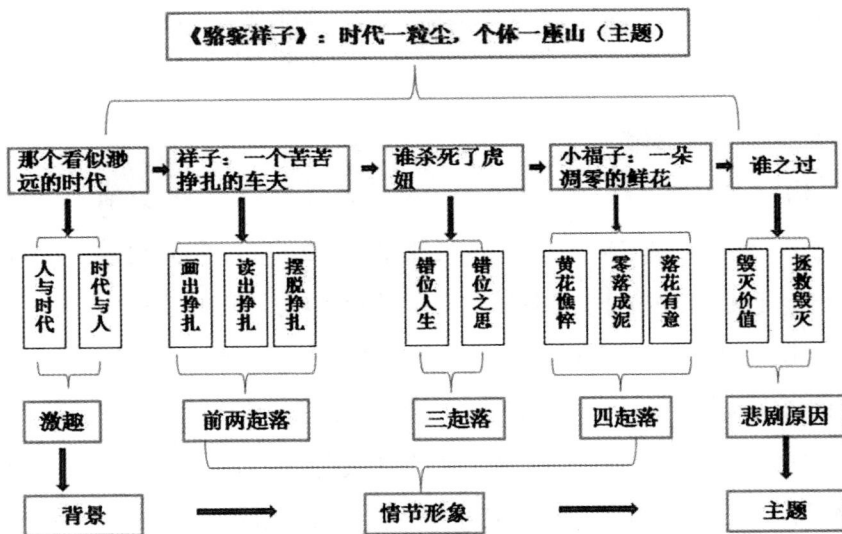

图13 《骆驼祥子》阅读实施图

第一节课,"那个看似遥远的时代",通过"时代中的人""时代与人",让同学走进那个看似遥远的时代,通过必要的学习支架,激发兴趣,了解背景,感受人与时代关系。

第二节课,"祥子:一个苦苦挣扎的车夫",本节课以祥子为主要人物依托,用"挣扎"来设计,通过"画出挣扎""读出挣扎""摆脱挣扎",推进阅读小说前两起两落部分内容。

第三节课,"谁杀死了虎妞",本节课以虎妞为中心人物,依托错位展开,通过"错位人生""错位之思",推进阅读小说三起三落部分。

第四节课,"小福字:一朵凋零的鲜花",本节课以小福子为中心人物,围绕花朵设计,通过"落花憔悴""零落成泥""落花有意"推动小说情节四起四落部分的阅读。

祥子、虎妞、小福字,三个核心人物,第二、三、四节课推进课驱动小说深度阅读。这三节课看似不同,实则形散神聚,共同指向本书的主题。

第五节课,"谁之过",围绕悲剧话题来设计,以"毁灭与拯救"推进课堂教学,探讨悲剧的原因,指向小说的主题。

阅读背景、情节、形象、主题,在五节课中层层推进,形成序列支架,逐一呈现。"那个看似遥远的年代""祥子:一个苦苦挣扎的车夫""谁杀死了虎妞""小福子:一朵凋零的鲜花""谁之过",这五节课既形成五个相对独立的个体,又最终共同指向本书的主题"时代一粒尘,个体一座山",最后形五环汇一环局面。

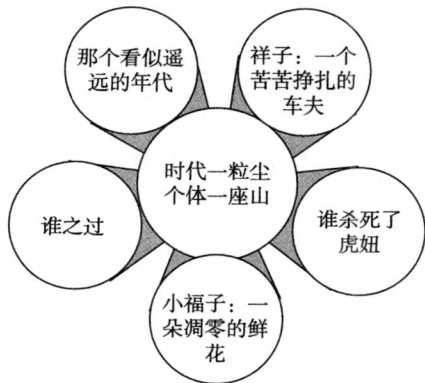

图14 《骆驼祥子》阅读体系图

（二）教学设计

建构主义学习理论在实际使用中的原则之一就是相关性。科学合理的教学设计是课堂教学成功的前提,所以教学设计必须从始至终贯彻并体现出建构主义教学理念,根据学生实际情况构建课堂教学过程。

课题	"谁之过"——《骆驼祥子》专题阅读课		
课型	引读课、读写课		
教学目标	1. 回顾梳理小说情节 2. 理解人物与时代的关系,学会在时代中选择自己的人生方向 3. 在人际交往中,运用所学知识处理现实中的问题		
内容分析	本节课是《骆驼祥子》整本书阅读的总结课,前期学生用了四周时间读完了《骆驼祥子》,对小说情节、形象有了了解和掌握。在阅读中学会了批注阅读和交流分享。本节课是在此基础上探究人物悲剧命运的原因,明晰内外因对人物的影响,劝说、习作,既是对知识运用的外显,更是学习者自主建构知识的内化		
学情分析	学生的思维处在由形象向抽象过渡时期,人生观价值观还有很强的可塑性,对问题的认识有时过于偏执,本节课作为整本书阅读的最后一节课,需要调动学生与前期阅读的内容知识联系、整合起来,引导学生探究人物命运悲剧的原因,进而为学生的人生提供有意义的指导		
教学重点	分析悲剧产生的原因		
教学难点	劝说祥子和想象祥子生活在 2021 年		
教学方法	讨论合作、表演、讲授		
教学媒体	PPT 阅读任务单		
教学过程	教师活动	学生活动	设计意图
新课导入	我们本学期学过茨威格的《伟大的悲剧》,对悲剧这种艺术手法有了一定的了解。今天我们来上一节《骆驼祥子》整本书研讨课,来审视祥子的悲剧。 鲁迅曾经说"悲剧就是把好的东西毁灭给人看"。在这篇小说中,作者都把哪些"好的东西给毁灭"了?	独立思考 小组交流 小组汇报	学生回顾梳理小说的主要情节,利用已有的知识结构,为探究原因做必要铺垫

内容回顾	祥子经历了买车的三起三落，走向毁灭；小福子经历的出卖被抛弃，走向了毁灭；老马虽拥有一辆人力车，最终还是祖孙俩相继走向了毁灭。这三个人有彻彻底底的无产者小福子，有破产者祥子，有有产者老马，但在当时的社会里，悲剧是他们注定的结局。让我们把目光锁定在主人公祥子身上，是什么原因造成了祥子的悲剧	独立思考小组交流师生互动生生评价	探讨悲剧原因，引导学生从情节形象走向思辨阅读，进入理性思考。发挥学生主体性
	外因：兵荒马乱、经济萧条、贫富不均、冷漠愚昧……　内因：盲目乐观、保守、内心柔弱……	PPT展示，学生记笔记	教师是学习的帮助者
	谁能举出事物的发展是受内外因影响的事例呢？（孟母三迁，孟母断织，近朱者赤、近墨者黑，爱莲说）	同伴互相讲故事事例。相互评价	拓展延伸，将学生从感性引向理性，从书本引向书外，不断调动学生的原有知识储备，进行新的建构
主题探究	社会的黑暗，个体的绝望，导致了祥子的悲剧，对于祥子的遭遇我们既同情又为之惋惜。如果此刻，自暴自弃的祥子在你面前，你将如何劝说他？	分角色劝说师生模拟生生评价师生评价	教师设置具体情景，在具体情境中运用学习知识，加深对知识的理解及建构
	今年是新中国成立七十周年，我们新中国也从站起来，富起来，到现在的强起来。假如祥子有幸生活在2019年，生活在这个日新月异、气象万千的时代，你畅想一下祥子的生活状态	学生列提纲小组分享教师从性格变化时代元素、主题确定方面点评	引导学生从书本的黑暗时代进入新时代，通过对比感受新时代的幸福，完成立德树人的根本任务。同时也是读写结合策略的具体落实
课堂小结	怀揣梦想加油干，三起三落悲催残。祥子悲剧让人叹，黑暗透顶能奈何？仁人志士洒血汗，东方破晓换新颜。吾辈欣逢盛世年，追梦路上我当先		总结全文，感受新时代的美好，激励学生奋发有为，不负时代不负韶华。强化人与时代的关系
作业布置	1. 将写作提纲的内容充实，完成一片习作 2. 分析虎妞错位人生的原因		

（三）教学实录

时间：2021 年 10 月 16 日

地点：新疆生产建设兵团 S 师中学 七年级六班

执教教师：钟宪涛

师生问好。

师：同学们，我们在上学期学过茨威格的《伟大的悲剧》。大家对于悲剧有了一定的了解。今天我们来上一节《骆驼祥子》整本书阅读课，去审视祥子的悲剧。

鲁迅说过这样一句话，"悲剧就是把有价值的东西毁灭给人看"。我们回顾一下，在《骆驼祥子》这本小说中，老舍把哪些有价值的东西毁灭了？

生 1：祥子、小福子还有老马，他们的人性被封建社会摧残了。

师：能不能结合情节具体说一下？

生 1：书本的前半部分祥子还是一个特别有梦想的人，他的心中怀揣着希望。但是后来不努力了，变得沉消沉下去。

师：好，一个好好的祥子被毁灭了，还有呢？

生 2：祥子第一次买上车的时候，他刚买上车就被抢走了。他的希望被毁灭了。

师：仅这一次就被毁灭了吗？

生 3：不是。后来祥子想着赚钱准备买车，卖了三匹骆驼赚到了钱，结果又被孙侦探给骗走了。

师：好，这是第二次"买车"。祥子总共买了几次车？

生 1：祥子总共买了两次车。

师：大家同意吗？不同意的举手。

生 2：我认为第一次买车是祥子努力了三年，买到第一辆车。第二次是卖骆驼之后又买了一辆。第三次是跟虎妞结婚，用虎妞的钱又买了一辆车。

师：三次，你刚才有不同意见是吧？

生3：第二次是攒够了钱，但是他并没有把车买下来，他的钱就被孙侦探敲诈走了，所以我认为是两次买车

师：有道理。第二次买车没有成功。买车是他的一个梦想，买车经历了起起伏伏。第二次买车发生了一个什么样的插曲呢？

生：辛辛苦苦攒够了钱，但是被孙侦探给敲诈去了，

师：孙侦探是谁？

生：就是当时抢车的孙排长，后来变成了孙侦探。

师：第三次，祥子是用谁的钱买的车？

生：虎妞

师：虎妞是谁？

生1：虎妞是刘四爷的女儿，也是祥子的妻子

师：两个人是自由恋爱的吗？

生1：首先是虎妞去追求祥子。

生2：祥子本来也不是太想跟她在一起，最后虎妞骗祥子说怀孕了，骗祥子去见刘四爷，他们俩就结婚了。结婚之后，祥子才知道这个虎妞是骗子

师：好的。第三次其实是虎妞用自己的嫁妆钱买了那辆车。那辆车的命运如何？

生：卖了。

师：为什么卖了？

生：因为虎妞难产死去了，祥子把这辆车卖了钱，买了口棺材，把虎妞安葬了。

师：祥子离开故乡到达北京城之前是个什么样的人？

生：善良、正直、怀揣着梦想。

师：后来呢？

生：被毁灭了。

师：把有价值的东西给毁灭了。在这本书里被毁灭的还有谁？

生：还毁灭了小马和老马祖孙俩。后来小马得病，没钱治病，病死了。老马每天走街串巷卖小百货，穷困潦倒度日。

师：老马是干什么的？

生：也是一个拉车的，小马死之后做小生意了。

师：老马和小马也被毁灭了。还毁灭了谁？

生1：还毁灭了小福子。小福子最初是一个非常善良的女孩，祥子也喜欢她。但是后来却被卖到了白房子。在我看来，这是把一件瑰宝生生地砸碎了。

师：她用了一个比喻，把一件瑰宝给生生地砸碎，多么让人怜惜。其实小福子在这之前还有一个悲惨的遭遇，是什么？

生2：我觉得要我分的话是有两个悲惨遭遇，首先是她被卖到军营那去当作二房。第二是她父亲对她的欺辱，逼迫赚钱，导致小福子成了她父亲赚钱的一个工具。

师：好。这位同学在发言的时候把小福子的身世分成两个阶段，分析问题，思路清晰。小福子，一个如鲜花一样的一位少女，最后也被毁灭掉了。

师：通过同学们的分析，可以看到祥子买车经过了三起三落，最后走向了毁灭。小福子经历了被出卖，被抛弃，最后也走向了毁灭。老马虽然有自己的人力车，但是最后也无法摆脱祖孙相继走向毁灭的命运。

师：我们看作品中出现了三个人，老舍在塑造这三个人的时候是不是有点重复？我要写两个人可不可以？

（生摇头）

生1：可能是要构成排比，像排比一样增加对封建社会的批判性。

师：我认为一个好的作家，在他的作品当中，没有可有可无的人物。如果我们按照他们的身价或者是持有的财产来看,小福子是一个彻彻底底的……?

生:无产者。

师:什么也没有。那祥子应该属于哪个阶层的?

生:半无产者,先有自己的财产,后来又没有了。

师:这样的人我们可以称他为破产者。老马呢? 最开始他是一个什么人?

生:有产者。

师:但是他们都摆脱不了一个最终的结局,那就是走向……

生:毁灭。

师:对,接下来我们把目光锁定小说的主人公祥子。我们思考一个问题,造成祥子悲剧的原因都有哪些? 调动你的思维,尽量从多个角度分析问题。小组内大家先去交流,看哪一个小组找到的原因是最多的。

(学生讨论)

生1:我代表他们说。首先,第一个原因是社会的黑暗。因为在祥子生活的社会,都是像抢了祥子车的兵、敲诈他钱的孙侦探这样的人,社会对于祥子这种生活在最底层的农民、工人没有起到保护作用。社会的腐败黑暗造成他的堕落,这是其中一个原因。

第二个原因是祥子周围的人对他的影响,包括小福子、老马、小马。他们一开始都和祥子一样,对生活抱有希望,但是祥子目睹了他身边的这些人:他们经过社会的一系列打击之后,渐渐走向堕落。身边这些人的变化对祥子造成了比较严重的打击。

第三个原因是祥子本身的性格缺陷。祥子虽然是一个很乐观向上的人,但其实他比较盲目,不能很好的思考事情的利弊,遇事并不能找到一个最佳的解决方法,不太去考虑后果,也导致了他最后走向堕落。

师：这个小组思考角度问题非常全面，分析比较透彻。你刚才说的第三点，说祥子有些盲目，我不太明白，你能不能给我们具体解释一下？

生1：祥子思想是比较保守的。比如说他的钱，人家让他存进去，可以赚更多的钱，他就总会觉得这些钱只有抓在自己手里，才是最安全的。送出去了之后就拿不回来了。不能择优选取一个方法。

师：不能正确理财。但是我还是不太明白，刚才说的情节其实是高妈曾经给他一个建议，要让他跟她一起做类似于放高利贷这一类的事情，但是祥子觉得这个钱放在自己兜里才是安全的。所以我比较同意你刚才说的保守这个特点。最开始你说的是一种盲目，有没有盲目？

生1：第二次买车的时候，孙侦探骗他的钱，他没有多加思考，就把他卖骆驼的钱和包月的那些车费给了孙侦探。

师：好，你请坐。这位同学刚才举的例子，能不能说明祥子是盲目的？同不同意？

生2：不同意。我觉得祥子挺喜欢小福子的。小福子自杀了之后，他也不能因为小幅子的死就完全地堕落。很多年后回想你喜欢过的那个人其实并没有那么优秀，这是我觉得他盲目的点。

生3：我觉得他盲目，在最前面他来到城市的时候，他直接就想到买拉车，并且他还算了一下，一年就能赚三十多块，然后三年左右就能赚到100块，可以买一辆车，我觉得他分析的时候盲目乐观。

师：好的，有些盲目。祥子第一辆车是怎么被抢走的？

生：被大兵给抢走了

师：他的车为什么被大兵抢走了？

生：他要钱。

师：为了贪图那两块钱，大家其实已经向他做了预警，这次拉这个客人是很有风险的，但是祥子在这个时候表现得有些盲目，他想冒险去赌一把,结果这一下怎么办?

生:赌输了,彻底破产了。

师:好,大家认为造成祥子悲剧的原因还有哪些呢?

生1:我们总结了几条,第一条是它没有自控力。这是我们组长说的,说的是祥子和虎妞他们那天晚上干的事。第二点是没有防人之心,像孙侦探,还有虎妞这些人,他都没有去刻意防备他们,以为他们都是好人。第三点我觉得可以应用到刚才同学们说的点上,农村人不读书,祥子是从农村来的,所以说他肯定会有很多不懂的地方,像出城去拉车,不知道危机四伏。第四点是封建时代富人欺压穷人,这一点跟三毛流浪记一样,就像三毛这样,祥子其实也差不多,都是穷人,富人在里边暖和,穷人在外面待着挨冻。第五点是对底层劳动人民的看不起。

师:好,他说了五点原因,并且他刚才在回答这个问题的时候,用了一种非常好的方法,他还给我们举了一个什么?

生:例子。

师:举了个三毛流浪记的例子来证明自己的观点,这样的一种回答问题的方式是非常值得我们去学习。还有吗?

生2:我觉得造成祥子悲剧主要原因还有一点就是祥子他不懂团结,只知道单干。在当时那种半封建半殖民地社会,你不积累足够的人脉,是不可能有很大的造诣的,所以说他这一点也是没有去做好。

师:不懂得团队合作,是这样吧!刚才大家说了很多原因,我们思考问题,首先要把思维要发散出去,发散完之后一点、两点、三点、四点,然后我们还要再去思考,我们找到的这些角度可不可以归类,这样表述起来条理就更加清晰了。可不可以把刚才说的这些原因归类呢?

生3:我觉得可以分为两类,一类是主观原因,就是祥子他个人的一些原因，另外一类是客观原因，比如当时社会的情况以及他周围的一些情况。

师：总结得很清楚。我们对于问题的思考，要先发散，然后还要进行归纳和总结。这样我们表述就非常有条理，非常清楚了。

我们可以看到社会的黑暗和祥子自身的缺憾，造成了祥子的悲剧。其实当我们面对祥子遭遇的时候，我们对祥子充满着同情，但是也为他感到惋惜。那么大家想象一下，如果此刻自暴自弃的祥子，就出现在你的面前，你将如何去劝说他？我们同桌模拟一下，一个当祥子，一个当去劝说的人，你觉得怎么去劝说他？祥子应该怎么去回答？

（学生互动）

生：来，哪一组的同学起来给大家表演一下？

生1：祥子，你想想刚来城里的时候，你那个时候是多么纯真善良，你现在不要悲伤，每个人的生活里面都会有风雨的，而风雨之后就会是彩虹，都已经过去了的，现在最重要的是把握现在，你总有一天会成功的，我相信你。

生2：谢谢。谢谢你给我的建议。但是我现在真的真的无意再反抗了。小福子死了，我的车也没了，我现在整个人生都失去了意义。

生1：钱还是可以往回挣的，总有一天会找到你心爱的人，相信我。

生2：好，谢谢。

师：祥子说出了自己的心里话，劝说的同学不断给予祥子以鼓励和希望。还有哪一组要分享一下？

生1：祥子，千万不要被一时的世界对你的不公所打败，你一定要相信世界，还有希望，明天还会更美好。

生2：但我的车已经第三次被抢去，我已经对生活彻底失去了失望了,不要劝了。

生1:不要把话说得太绝对,一切皆有可能,只要你继续奋斗,只要你拿出信心找回曾经刚来城里的自己,我相信总有一天你会成功的。

生2:谢谢你,我会努力的。

师:真是个好祥子,听人劝吃饱饭。来,有没有不听话的祥子?

生1:祥子你现在还年轻,你千万别干傻事,虽然你经历了三起三落,但你要知道人生总是要起起伏伏,你不能因为一时失利,你就放弃美好远大的前程了。

生2:你认为我现在的心境还有心思去想我美好的远大前程么?我经历了三起三落,再折腾我怕我的命都保不住了。

生1:这样我跟你说我给你出一条建议,我可以手把手教着你做买卖,你可以跟我一块吗?

生2:抱歉,没有这个心情,我只想干拉车这一行,谢谢。

生1:那么我们来看一下,祥子,你这么做对得起你的父亲母亲吗?

生2:他们可没听见,他们不会说我。

师:好,请坐。大家在劝说的时候要注意语言的互动。首先,劝说的人不能哒哒哒哒哒哒,说了那么长一段话,就让祥子在那听着,这种劝说对方可能不容易去接受。其次,大家想我们在去劝说的时候,像刚才我表扬这个同学一样,我们能不能够有理有据的去劝说?我们读了那么多的书,那就去想一想,在我们读的书中或者我们所知道的事例当中,有没有一些人像祥子一样在生活中经历了苦难和挫折。他们是如何面对苦难和挫折的呢?

生:司马迁……

师:那司马迁是怎么做的?

生:司马迁当时被诬陷,被关进了牢,忍辱负重,最终完成了史家之绝唱，无韵之离骚的《史记》。

师：好，有一种人是在抗争，在逆境中还有什么样的人？

生：文天祥、岳飞、屈原……

师：其实我们再想想，有许多这样的人，比如我们还学过陶渊明专题，陶渊明是怎么做的？

生：不为五斗米而向乡里小儿折腰。

师：他选择的是隐居。我们也学过陈子昂的《登幽州台歌》，陈子昂选择的是什么？

生：怀才不遇，忧愁隐忍。

师：屈原选择的是什么？

生：以死明志。

师：还有一部分人选择的是什么？

生：抗争

师：是谁？

生：霍金。

师：我们这个暑假正在读的名著是什么？

生：《水浒传》。

师：他们是官逼什么？

生："民反"。

师：我们还有李大钊、朱德、毛泽东等等。那么我们继续重新劝说，在劝说的过程中再举上一些例子，好不好？

生1：祥子，面对灾难的时候，你要放平你的心态，你不能因为这些事情就完全放弃自己后来的人生。你想海伦凯勒，她看不见，听不见，但她还能重创辉煌。你想想你现在不过是经历了一点点磨难，就要这么放弃自己的人生，真的值得吗？

生2：我现在车也没了，也经历了三起三落，连我的妻子、我心爱的人也没了，算是一无所有，在这个城里连个人缘都没了，我的信仰也没了，你说我现在该怎么办？

生 1：天涯何处无芳草。

生 2：好吧

师：要说服一个人真的很难。后来我在想与其去说服他这么难，我们不如不去说服他了，我们还可以走另一条路，我们为他改变他生存的环境。就像我刚才说的谭嗣同、梁启超、陈独秀，那么多仁人志士是不是站出来了？他们愿意为像祥子这样的人抛头颅洒热血，于是，中国共产党带领着我们中国人民在 1949 年成立了中华人民共和国，今年是多少年？

生：2019 年。

师：我们新中国从站起来到富起来到现在强起来总共？

生：70 周年。

师：如果祥子有幸生活在 2019 年，他会怎样做？大家现在构思一下，给两个要求：第一，我们要能够表现人物性格在新时代中的成长。第二，要能够凸显人物的时代烙印，要有时代的元素在作品里面。大家可以简单去构思一下，你想让祥子在 2019 年做什么职业，你想凸显我们这个时代什么样的元素，大家可以简单去思考一下，有什么想法？说思路就可以了。

哪位同学起来说一下？

生 1：在我的构思里面祥子是一个创业的。他在 2019 可以去尝试着去创业，抛开在之前旧时代拉车，在新时代中，现在有一些什么科技之类的，他可以考虑这些方面去创业。

师：这位同学说了要让祥子去创业，那么我们要依托一个元素，你想让他去做哪一个行业，把我们这个时代的元素融入进去。能说一个具体行业？

生 1：互联网，他可以做 App 来赚钱。

师：要做 App，哪方面的软件呢？

生：社交软件。

师：祥子要抢微信的饭碗。（学生笑）好的，祥子转型有点大，选了一个高科技行业。

生2：老师我感觉祥子在2019年可以送外卖。

（学生笑）

师：你会让他在送外卖的时候碰到一件什么样的事情呢？

生2：下雨路滑，他开得很慢，最后差一秒，迟到了。用户给他了一个差评，他抱头痛哭了三天三夜。因为一个差评扣2000块钱左右，不是好几十块，我感觉送外卖跟祥子之前的职业是比较吻合的。

送外卖也有很多不确定性，也有很多机遇，比如说如果干得好，可能还能拿小费什么的。我是点过外卖的，看那里有个评价，跟祥子想的一样，要着装整齐，如果不小心弄坏了，不但要自己拿钱，还要遭受老板的批评。

师：好，请坐。刚才这位同学的发言让我想到了祥子在烈日和暴风雨下拉车的那一段。祥子说，"先生能不能停一停避避雨？"客人怎么说的？

生：不行。

师："你把我丢在这算个什么。"刚才给差评的顾客，好像让我看到了坐在车上的乘客样子。但是在2019年的今天，下大雨迟到了，送晚了5分钟，你给他差评吗？

生1：我是一个好学生，所以说我肯定不会给他差评。

生2：我也不会给他差评，毕竟现在外面冒着雨，然后我们也要关心这些想着自己事业，追求梦想的人，

师：这是一个善良的同学。

生3：我不会给。他们赚的工资非常少，还要付出很多努力。

生4：我也不会给，我觉得每个行业都是需要被尊重的，他在暴风雨里送外卖已经很不容易了，延时是很正常的事情。如果让你去

做的话也肯定也会超时，如果每个人都换位思考一下的话，互相体谅一下，我觉得我们的社会就会温馨和谐。

师：换位思考，互相体谅。我们就看到了在 2019 年，在暴风雨下，我们是不会给祥子差评的，但是在当时的时代就会给什么？

生：差评。

师：你看，这就是时代的元素在里面，这就体现了人与人之间的和谐。在我们的新时代人与人之间是怎样的关系？

生：平等的……

师：彼此是真诚的。

师：好，时间关系我再给一位同学一个机会

生：我觉得祥子在 2019 现在都有滴滴软件，然后他可以当一个滴滴司机，反正也是给自己赚钱，然后现在路都很多，不像原来没有手机，没有导航软件，每条路通到哪里都要自己记得很清楚。现在科技发达，他也不用记那么多路，如果有哪里不知道，就可以导航一下。

师：好的。做滴滴司机通过导航是这样的，如果我让这篇文章再丰富一点，还可以再选取一个时代的元素，让他在收车费的时候要用什么去收？

生：用支付宝扫码

师：这样我们就把时代元素融入进来。祥子如果生活在 2019 年该有多好。他再也不用在烈日暴风雨下拉车了，他也不用那样的辛苦。非常遗憾，祥子没有生活在 2019 年，但是反观我们就非常幸福了。我们是生活在实实在在的 2019 年，在这样一个意气风发的时代里，我们一定要与我们的祖国同呼吸，共命运，我们要与国家一起奔跑，在实现中华民族伟大复兴的路上，撸起袖子加油干。最后老师写了一首打油小诗，作为本节课的结束语，我们一起读一下。

生：怀揣梦想拼命干，三起三落倍凄惨。黑暗沉沦能奈何，祥子悲剧令人叹。仁人志士洒血汗,东方破晓换新颜,吾辈欣逢盛世年,追梦路上我当先。

第六节　分析与讨论

一、总结与发现

（一）建构主义在整本书阅读实践中的优势

1. 整本书阅读呈现课程化的特征。在建构主义学习理论的指导下,整本书阅读的教学不是呈现出无序化的状态,而是有目的、有计划、有策略、有方法、有评价的探究阅读。

2. 整本书阅读的评价方式更加多元,过程化评价,表现性评价和考试性评价伴随名著阅读过程始终。评价的主体有老师、有学生、有自己,评价的结果更加准确。测试题没有设置绝对的评价标准,学生的作答可以得到教师同伴认可,极大激发了学生阅读的积极性。

3. 学生成了名著阅读学习的主体,在学生已有认知和身心发展特征的基础上,教师通过设置恰当的探究性主题,运用抛锚式阅读、支架式阅读、随机进入式阅读等策略,既尊重了学生的个性差异,又培养了学生自主合作研究的学习能力。

4. 教师始终是学生学习的帮助者、鼓励者、引导者,通过制定恰当的学习支架,使学生的思维紧紧围绕探究主题主线进行,课堂问题聚焦,生成较多,思辨性强。多媒体的使用,恰当的拓展,使整个课堂更具有开阔的思维空间和激扬精神成长的生命力。

（二）建构主义在整本书阅读实践中的不足

1. 建构主义知识观认为我们无法形成对真实世界的正确认识,我们当下对世界的认识只是一种解释,一种假设,我们对客观世界的阐释只能在不断更新知识的过程中,无限制地接近真实的客观世界。但是在关乎世界观价值观等对于抽穗拔节时期的青少年起价值引领作用的主题,我们必须旗帜鲜明的毫不动摇的筑牢成长基础。

2.学习的意义建构必须重视,但知识的有意义接受也不可忽视,不能从一种极端进入另一种极端,传统的讲授式教学不可轻易完全抛弃,如陈述性知识中的概念、理论等,传统讲授法应该更为合适。

二、问题与对策

1."主题引领,议题推进,活动助推"确实可以起到带读的作用,但常会忽略学生作为阅读主体的主观能动性,对于是否符合整本书阅读素养提升,还需要实践去进一步检验。同时如何兼顾个性化阅读和自由阅读问题?需要我们在阅读书目设置上进行探索,如阅读书目分为精读书目和略读书目,我们分别从"成长与特质"、"方法与思维"、"实践与活动"三个维度做好顶层设计,为学生设计系统化的阅读路径。

2.学生现有的认知知识基础各有不同,如阅读兴趣、习惯和方法。在整本书阅读的实施过程中,我们要充分尊重学生的个性特征,在学生自主阅读的基础上引导他们逐步反思并总结适合自己的方法,这与班级群体化阅读契合度如何把握协调,还值得研究者做进一步科学探索。是否可以在主题问题设计,特别是议题设计上,采用分层设计,兼顾学生学习的个体差异。

3.考试评价与日常教学缺乏有效对接。名著阅读课程化的实施推进和语文核心素养的真正落地,还有赖于有效的名著评价方法导引。评价机制中的考试评价是检验课程实施以及学生学习能力的一个重要方面。我们在实施多元化的评价过程中,还要注意从传统的名著阅读教学当中吸取有益的经验,避免与标准化考试发生正面冲突。整本书阅读与单元教学的融合研究是解决整本书阅读短期难以提高成绩的有效路径,是下一阶段课题研究的重点。

附　录

初中语文名著阅读情况调查问卷

亲爱的同学们,你们好!

我们是教育科研研究者,这是一份对你平时如何阅读名著的一份调查问卷。调查采取无记名形式,所得的结果仅供了解情况分析研究,从而改变名著阅读教学之用。请同学们认真阅读以下问题,根据自己的实际情况在选定的答案上打√,以下题目为单项选择。谢谢大家的支持!

1. 你对名著阅读所持的态度?

    A. 喜欢　　　　　　　B. 一般　　　　　　　C. 不喜欢

2. 你阅读名著最主要的目的?

    A. 提升阅读能力

    B. 扩大知识视野

    C. 应付各种考试

    D. 丰厚文化积淀

3. 课堂上老师是如何进行名著教学的?

    A. 老师讲台教授,学生听讲

    B. 师生共同讨论研究

    C. 学生小组合作探究学习

    D. 老师要求学生自读

4.课堂上老师是否会采用如图片、视频等多媒体手段辅助教学？

　　A.一直使用　　　　　　　　B.经常使用

　　C.偶尔使用　　　　　　　　D.从不用

5.你在课堂学习中能够对所学内容进行批判质疑吗？

　　A.经常　　　　　　B.偶尔　　　　　　C.从不

6.在名著阅读课，你的学习方式是什么？

　　A.背过教师提供的复习材料

　　B.小组交流展示

　　C.只是听讲，不做笔记

　　D.没有听讲

7.老师在名著阅读教学时侧重哪部分知识？

　　A.内容的提炼

　　B.主要人物形象概括

　　C.作品创作的相关背景

　　D.答题套路与技巧

8.你能否主动参与到名著阅读教学的各个环节？

　　A.主动参与，积极表达自身见解

　　B.只有老师提问时才会被动参与

　　C.从未参与过

9.老师课堂分析名著人物形象或主题时是否坚持标准答案吗？

　　A.完全遵照标准答案多

　　B.参考标准答案时讲述自己理解

　　C.完全表达自己理解感悟

10. 当班级同学的理解与老师给出的理解有分歧时，老师是什么态度？

  A. 持否定意见，完全遵照自己的理解

  B. 持肯定态度，尊重学生见解

  C. 模糊处理，不表明意见

11. 在名著阅读课上，你的听课状态如何？

  A. 认真听讲，积极思考并得出自身见解

  B. 状态一般

  C. 状态较差

  D. 完全不在听课状态

12. 课堂学习你能否掌握了必备阅读知识（如作者生平事迹、阅读方法、分析人物形象方法等）？

  A. 基本掌握   B. 掌握较少一部分   C. 完全没有掌握

13. 你觉得现在的名著阅读课堂教学怎么样呢？

  A. 非常喜欢   B. 一般喜欢

  C. 不喜欢   D. 讨厌

14. 你不喜欢名著阅读的最主要原因？

  A. 老师讲解刻板枯燥

  B. 考试答题难度大，得分低

  C. 名著理解困难

  D. 试卷分值低，投入大与回报不成正比

15. 你觉得名著阅读教学方式会不会影响到你对它学习兴趣？

  A. 影响很大   B. 影响一般   C. 没有影响

16. 你课后是如何阅读名著的？

  A. 翻看了解大体内容

  B. 能对作品的主题提出自己的看法

  C. 用老师讲授的方法阅读

17. 你觉得你的老师名著阅读课授课如何？

　　A. 注重引导学生，采用多种教学辅助手段，知识性和趣味性浓厚

　　B. 自读、摘抄、总结人物形象、完成读书笔记，课堂模式化

　　C. 老师提供考点材料，学生背诵，没有任何交流互动

18. 你通过什么了解自身名著阅读水平是否有所提高？

　　A. 老师评价　　　　　　　　　B. 自我感觉

　　C. 考试得分的高低　　　　　　D. 不清楚

19. 班级或者学校在课余时间会不会组织与名著阅读相关的课外活动？

　　A. 经常有　　　　　B. 偶尔有　　　　　C. 从来没有

20. 你会在课后主动阅读其他名著吗？

　　A. 经常主动阅读　　　　　　　B. 偶尔阅读

　　C. 很少接触　　　　　　　　　D. 基本不接触

问卷调查到此结束，请将你的选项填在下面的表格中。感谢同学们支持配合，谢谢！

第三章

理论之路

—— "范例教学"背景下整本书阅读概述

德国克拉夫基的范例教学理论兴盛于 20 世纪五六十年代,与苏联赞可夫的发展教育理论和美国布鲁纳的结构主义教学理论并称为教学理论界的三驾马车之一,在全世界范围内都有着非常深远的影响。它的宗旨是为教师尽可能地创造条件减少学生的课业负担和繁杂的知识学科,促进学生能力的发展,增强其科研能力。

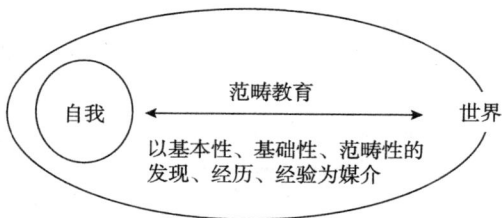

图 1　范畴教育结构关系

范畴是教育学术语,他表示基本的结构关系,这种基本的结构关系包括"学习客体→教材和学习主体→精神世界"。

范畴教育就是通过一定教育内容使主客观同时得到开发的教育。

第一节　"三性"

"基本性"强调教学应该教给学生基本的知识,也就是说基本概念、基本科学规律或知识结构。

"基础性"强调教学内容应适合学生的智力发展水平,适应他们的基本经验,切合他们的生活实际,也就是说教学内容对受教育者来说是基础的东西。

"范例性"是指教给学生经过精选的"基本性"和"基础性"的知识,而不是全部带有"基本性"和"基础性"的知识材料。这些经过精选的带有"基本性"和"基础性"的知识材料应当是能起示范性作用的,学习和掌握了它们将有助于学生举一反三,进行学习迁移和实际应用。它们必须是"整体的一面镜子",用我们的话来说,必须是可以达到窥一斑而见全豹效果。

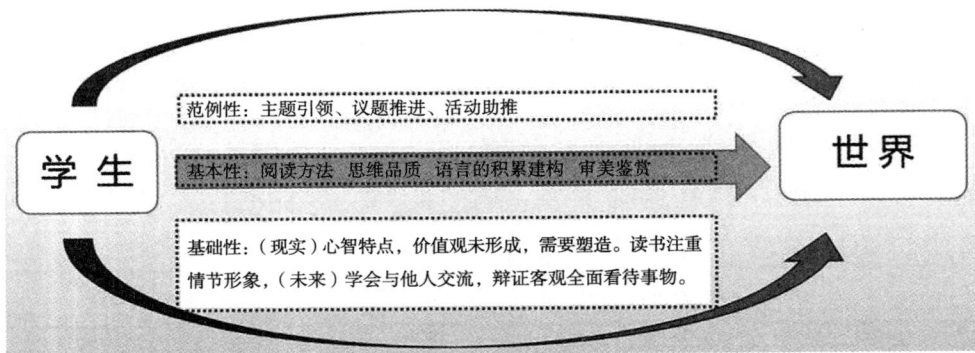

图2 "三性"示意图

由上述分析可以看出,个人通过以基础性、基本性和范例性的发现、经历和经验为媒介,实现了对世界的理解,这也正体现出了主体与客体间的交互展开性。学习内容本身具有展开性,学习者学到某些知识,在此基础上,进一步联系到其他相关主题,该过程不断持续,学习者的视野就会逐步扩大,最终更加认识和了解世界。

了解了范畴教育的三性后,我们来尝试分析一下范例教学背景下的整本书阅读模式。

整本书阅读是初中语文教学的热点、重点、难点,当前存在碎片化、无序化、快餐化的阅读倾向。本研究是通过"主题引领,议题推进,活动助推"的核心模式推进名著阅读课程化,使整本书阅读从活动走向有目标、有内容、有实施、有评价的课程,提高学生的核心素养,培养终身的阅读者。"主题引领,议题推进,活动助推"模式包含以下几层关系:

①从阅读自身价值上看,按照山师大潘庆玉教授的分类,整本书与群文、单篇的价值分别在于探究性阅读、互文性阅读、基础性阅读。整本书的主题是多元的,围绕其中一个主题,由此展开系列议题探究,实现整本书阅读功能(价值)。

②从阅读逻辑上看,主题是全书的观点,议题是从多角度证明观点的论据或分论点。主题引领,议题推进,从逻辑上看,条理清晰,论证缜密,有利于培养学生逻辑思维。

③从阅读方法上看,"主题引领,议题推进,活动助推"首先拓展了阅读的空间,从书里到书外,从读到写,积累建构运用语言。其次改变了以往过分注重情节、形象、主题的读书方法,引导学生思读结合,走向思辨阅读。

④从阅读的成长功能上看,"主题引领,议题推进"也从另一方面为我们展示了整本书主题的多元,启发学生意识到世界的丰富多彩,在未来能够全面客观的看待客观世界。从而树立正确的世界观、价值观。

⑤从教学的行为上看,该模式是建构主义教学的一种具体实施方式。丰富多元的主题如何确定?教师是需要研究主体(学情,研究他们现实和未来的需要)和客体(整本书的特质),找到最佳的切入点,利用最近发展区理论,采用支架教学促进学生实现有意义的建构。

综上分析,"主题引领,议题推进,活动助推"模式兼具基础性、基本性和范例性特点,并对其他整本书阅读起到了良好的示范、范例作用,成为本研究的逻辑起点。

第二节 "三个统一"

"三个统一",就是"问题解决学习与系统学习的统一"、"掌握知识和培养能力的统一"和"主体与客体的统一"。

"问题解决学习与系统学习的统一"意思就是一方面要求针对学生存在的或提出的问题组织教学,从一个个课题出发进行教学,另一方面一个个课题应当是有系统的,每个课题都是学科系统中的一个有机组成部分,其教学内容将反映与其他课题内容在该学科整体中的相互关系,乃至反映整体本身,因而这种教学从片段出发,但学生学习的知识却不是片段零碎的、孤立的,因此仍不失为有系统的。

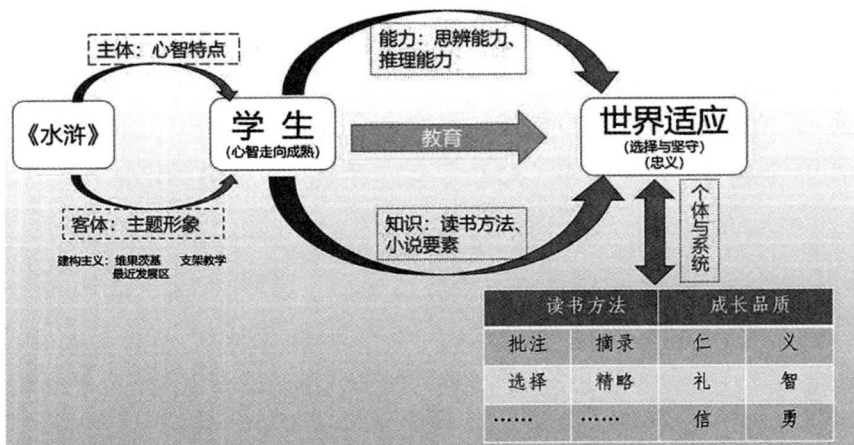

图3 "三统一"示意图

从《水浒传》主题与议题之间的分解图(图4)中可以看出,全书围绕"选择与坚守"主题展开探究性阅读,分别从"选择""坚守"两个维度展开。在"选择人生"中,通过"主动选择""被动选择"议题探究,自然引发"如何选择"人生思考,由作品走向生活,从读到思,使整个阅读走向深入。在"坚守忠义"中,通过"侠义江湖""忠君报国"议题讨论思辨,进一步明晰是非大义。通过两个维度深入阅读探究,学生势必会对主题有了更深刻的理解,也为其在未来的人生路上选择坚守做了有意义的参考。上述分解图中,主题议题相互支撑、论证,形成了围绕主题的一个整体,实现了"问题解决学习与系统学习的统一"。

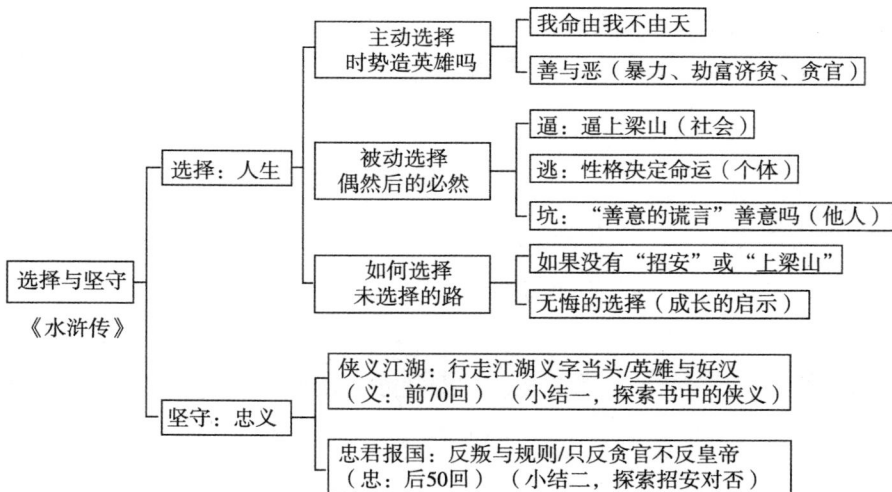

图4　《水浒传》主题、议题分解

从成长与特质图（图5）中可以看出，八本书围绕学生成长与书目特质，组成了成长中"如何处理时代与个体关系"的富有学情（心智）特征的阅读内容维度。每一部作品在系统中承载了独特的人文价值功能，他们相互作用形成了整个初中整本书阅读体系。

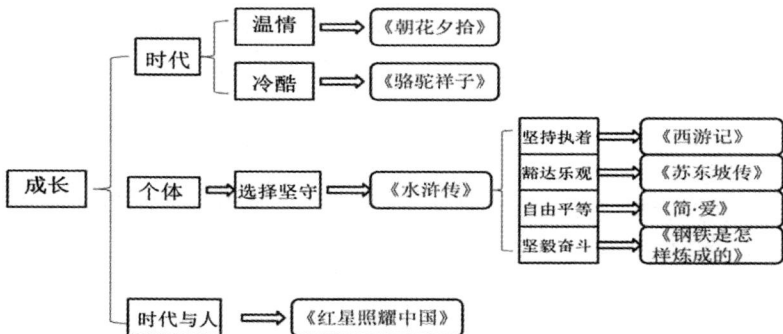

图5　成长（学生）与特质（书本）

"掌握知识和培养能力的统一"，也称"实质教育与形式教育的统一"，这种统一要求把传授知识与培养能力统一在同一个教学过程中，把传授知识与教给科学方法、学习方法、发展能力结合起来，使学生在掌握知识的同时其智力发展也得到推动。

知识与能力的统一是认知主义、建构主义学习理论的观点，也是范畴教育的典型特征。从整本书课程化内容维度"方法与思维"顶层设计中（图6）我们可以看出，每本书重点学习的读书方法各有侧重，学习能力上依托马扎诺的学习维度框架和布鲁姆的目标分类学设计问题，使学生在解决问题的情境中，实现知识与能力的统一，进而促进学习主体能力的提升。

书　目	方　法	思　　维
《朝花夕拾》	摘抄做笔记	
《骆驼祥子》	圈点与批注	
《水浒传》	分析阅读	
《西游记》	精读与跳读	
《苏东坡传》	选择性阅读	
《简·爱》	对比阅读	
《钢铁是怎样炼成的》	批注、摘抄	
《红星照耀中国》	思维导图	

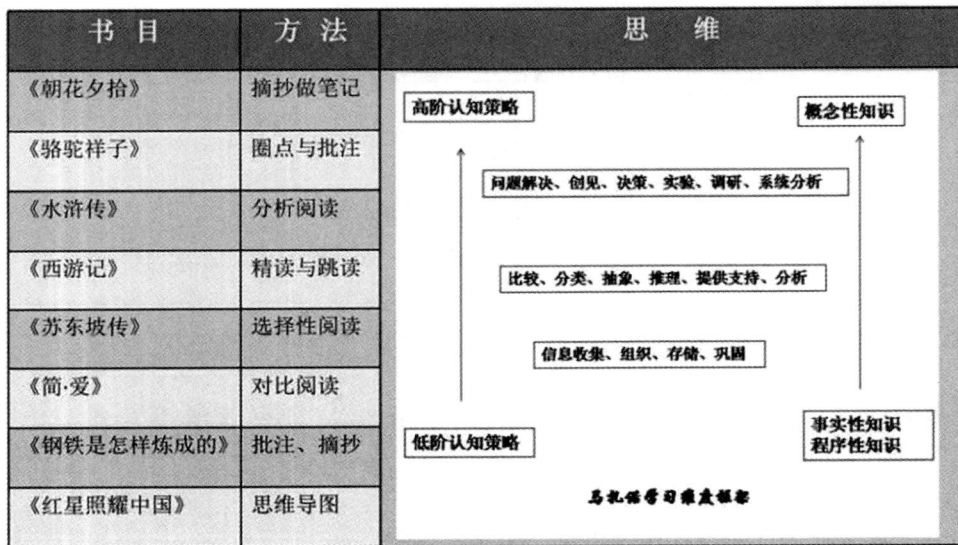

图6　方法（读书）与思维（学生）

如在《骆驼祥子》第一、二章情节梳理时，教师主要使用布卢姆的目标分类学，通过对知识以及认知过程的维度定位，进而尽最大可能地体现思维梯度，促进学生思维的发展。表格由学习章节、知识维度、认知维度、阅读方法、课堂形式五部分构成。由知识维度和认知维度构成的二维目标是本节课的学习内容；认知维度是训练提升学生思维能力的明确目标。课堂形式是教师上课教学采用的教学组织形式。阅读方法是阅读能力的核心要素，在学生完成学习内容过程中，教师对学生的读书方法加以指导。

知识维度	认知过程维度						课堂形式	阅读方法
	记忆	理解	运用	分析	评价	创造		
事　实		1.1			1.2		1.1、1.3展示、解说	精读
概　念			2.1				1.2　对话、补充	
程　序				2.2			2.2　对话、质疑	圈点勾画
反省认知						1.3	2.1　对话、拓展	
1.1用思维导图介绍北京人力车夫。								
1.2通过第一章的阅读，谈谈你对祥子的评价。								
1.3为祥子设计一张生日卡片，并写上你的勉励与祝福话语。								
2.1转换叙事角度，以第一人称改写祥子丢车后控诉（"凭什么"）段落。								
2.2结合第二章内容，谈谈你对"福兮祸之所倚，祸兮福之所倚"的理解。								

图7　《骆驼祥子》阅读任务单(一、二章)

第一章作为小说的开端，作者主要向我们展现了旧北京人力车夫这幅辛酸的市井画卷以及介绍了祥子通过个人奋斗买车的经历。其中拼命挣钱买车的经历，运用了多种描写方法，文笔细腻，语言生动形象，鲜明地刻画了祥子的形象，也是作品的第一次小高潮，比较适合精读教师指导学生在阅读中进行圈点勾画，批注阅读。

问题"1.1用思维导图介绍北京人力车夫"，这个问题指向第一章的第一部分。小说人力车夫作为一种职业属于一个基本的"事实"。学生通过思维导图，迅速地了解人力车夫的分类以及这种职业的特点，理解整篇小说的阅读背景。所以在认知维度定位为"理解"。当然如果我把这个学习内容下移一行，那么教学内容中就要增加"思维导图"的概念理解。对于这个学习内容，在课堂上只需要学生进行小组展示、解说即可。

问题"1.2通过第一章的阅读，谈谈你对祥子的评价"，这个问题思维目标指向评价，需要学生结合文中的"事实"，全面评价祥子的形象特点(优缺点)。在课堂上只需要学生进行小组交流、补充即可。

问题"1.3为祥子设计一张生日卡片，并写上你的祝福语"，这个问题从知识层面对应的是"反省认知",是学生阅读文章后,对人物融入了自己独特理解的再现。需要学生发挥自己的想象力,将作品内容情感与卡片的设计结合起来,进行一次富有挑战性的创造。课堂上主要通过展示解说完成。

"主体与客体的统一",主体是指受教育者——学生,客体是指教学对象,这里表示教学材料。它们的统一就是要求教师既要了解和熟悉教材,又要了解和熟悉学生,熟悉他们的智力水平,他们个性。在教学中要把两个主要教学论因素结合起来考虑。只有做到了主体与客体的统一,教授的知识才能变活,而学生也才能学得活,他们的兴趣才能被充分激发起来,学习主动性和积极性才能最大限度地被调动起来。

主体与客体的统一体现了维果茨基就近发展区理论。教学应把学生已达到的认知、心理、社会交往方式、审美、兴趣爱好等水平作为教学的出发点,并注意学生现有水平与客观教学目标之间的"最近发展区",使教学过程变为实现这个差距的过程。了解学生目前的能力与潜在的能力,确定最近发展区,设计学习内容,才能保证知识是"活的","生长的",学生也会因此获得有意义的知识建构。

在我们的名著阅读课程化中,初中生处于人生观、价值观、世界观形成时期,他们表现出对未来世界的渴望、惶恐、犹豫,这个时期需要在他们成长的关键期教师要给予正确的引导。如《水浒传》的侠义精神是同学们感兴趣的话题,但是如果不加以解读,涉世未深的学生也许会理解成狭隘的哥们义气。"选择与坚守"的主题确定与学生所处的人生阶段身心状况完全吻合的,这本书不仅告诉他何为忠义,也会对未来学生人生路上的选择坚守提供有意义的支持帮助。这样看《水浒传》的价值是活的,是动态的,甚至是能够生长的,他会与学生的未来人生路一同生长,学生也会因年龄的变化对本书的理解更加多元,进而感受到世界的丰富多彩,学会全面看待问题,理解包容不同的文化。

第三节 "四个阶段"

"四个阶段"是指：1.范例性地阐明"个"的阶段；2.范例性地阐明"类"的阶段；3.范例性地掌握规律和范畴的阶段；4.范例性地获得关于世界经验和生活经验的阶段。

第一阶段，要求教学过程通过整体的一个和几个特性来说明这个整体，也就是通个个案的典型特征来说明其整体。例如，在自然地理教学中，俄罗斯南方草原景观可以通过乌克兰防风地带来加以说明；在历史教学中可以通过一定历史事件（如革命）来说明一定的历史时代。通过这一阶段的教学，学生可以深刻地了解事物的本质特征，牢固地把这些特征刻印在脑海中。

第二阶段，就是通过"个"的阶段获得的认识进行归类，例如对上述自然地理教学中了解到的草原景观进行归类，从而了解其他地区的草原景观；在历史教学中从一个革命事件的例子来归纳同类革命的特征。通过这一阶段的教学，学生可以了解某些事物的特殊性和普遍性，从"个"的学习迁移到"类"的学习。

第三阶段，要求通过前两阶段获得的认识进一步探究出规律性的认识来。例如，在自然地理教学中，学生了解草原景观的过程中认识草原化现象以及阻抑这一过程中人干预自然产生作用的规律：在历史教学中，通过了解个人在革命中的作用，认识个人在历史中作用的规律。（或者说掌握个人在历史上作用的理论性认识）

第四阶段，就是使学生在获得上述三阶段教学的基础上取得关于世界的经验和生活的经验。例如，在自然地理教学中，认识人与其生活环境的关系；在历史教学中，认识"人是一种历史的存在"。通过这一阶段,学习者不仅了解了客观世界,也认识了自己,加强了行为的自觉性,例如人与自然关系方面的自觉性等等。

如在《水浒传》的阅读中,学生通过主题引领,议题推进,活动助推,探究性地阅读了《水浒传》一书,这完成了第一个"个"阶段,学习者以此类推,学会了整本书阅读的基本方法——思辨阅读,走向了第二个举一反三的"类"的阶段。从多本书的阅读中,学习者发现,每一本书的主题是多元的,我们的探究性阅读只能读到其中的一各方面。名著如一座大山,我们每次的登山路线只能选择其中的一条,只能看见沿途的风景,名著的魅力真是如此。需要我们结合自己的阅历,常读常新。阅读者发现了名著主题的一般规律,这是第三个阶段。从作品主题多元的规律来看,世间万物的表现反应也必然是多元的,他要求我们在看待事物时,要用全面客观的眼光来审视,学习者在前面阅读的基础上,获得了关于世界的经验和生活的经验。

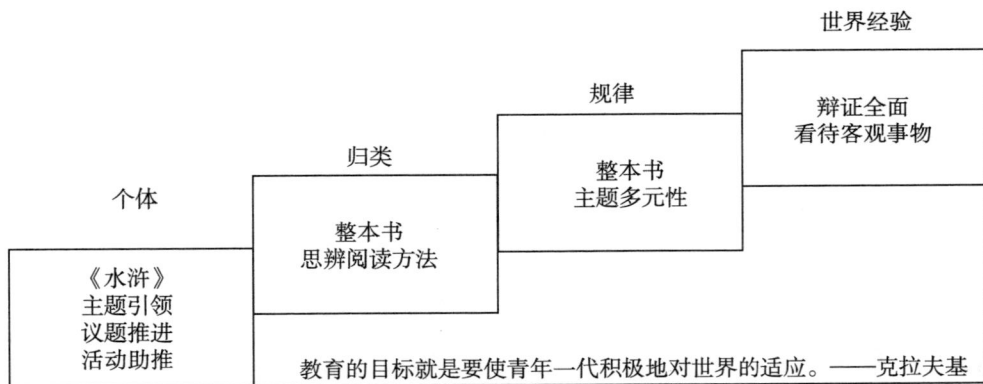

图8 "四个阶段示意图"

另外,克拉夫基还对范例教学提出了两点必要的说明和补充。第一,学生在课堂上所学到的知识和能力应该通过练习来加以巩固和运用。学生必须了解他们所学的新知识能干些什么,怎样运用它。学生在此基础上加深了对所学内容的理解,也知道了学到的知识的价值和作用,接下来,学生就能够借助于分组讨论或者独立思考等形式来完成其他类似的作业和任务。第二，不是学生应该获得的所有知识都需要和能够通过范例教学的形式来加以传授。教师完全可以借助其他的教学方法和形式来向学生教授某些学习内容，学生也可以通过自学、与同学讨论等形式去学到新的东西。

第四节　教学论分析的五个问题

克拉夫基在《教学论分析作为备课的核心》的文章中以范畴教育理论为基础，并联系到自己指导师范生教学实习的经验，尝试归纳出帮助教师备课的具体做法，提出了"教学论分析作为备课的核心"的理念，并对教学论分析的具体方法和步骤、对教学论分析和教学方法准备的关系以及如何实施教学论分析等作了详细的论述。因此，教学论分析可以看作是范畴教育理论在教学中的具体化。

教学论分析的五大基本问题：

一个教师要上好课，前提是首先要备好课。克拉夫基指出，很多教师认为备课就是设计某些能够卓有成效地将一定的教学内容教给学生的方法，他批判地指出，这种观点存在着片面性，因为他们认为仅仅方法的准备就是备课了，但是实际上，教学论的分析才是备课的关键，并且，对教学内容展开分析应该是教学论分析的首要任务，其次才是对方法的分析。教师在备课时必须先要领会教学内容，明确教材的目的、各内容间的结构关系，吃透教材，进而去找出学生在理解上或许会遇到的问题与难点。在分析了教学内容之后，再分析应该采取什么样的方法，然后再运用"教学论分析"的结果来设计教学意图和教学过程。

克拉夫基认为，对教学内容的分析可以基于以下五个基本问题：

教学论分析的五个问题

```
┌──────┐   ┌──────┐   ┌──────┐   ┌──────┐   ┌──────┐
│ 示范 │ ⇒ │ 当前 │ ⇒ │ 未来 │ ⇒ │ 内容 │ ⇒ │ 可理 │
│ 意义 │   │ 意义 │   │ 意义 │   │ 意义 │   │ 解性 │
└──────┘   └──────┘   └──────┘   └──────┘   └──────┘
```

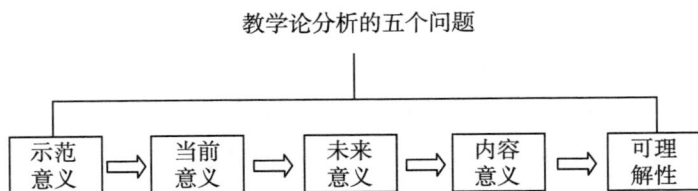

图9 教学论分析

一、分析教材内容阐明了何种重要的或含有普遍性的实际关系和意义？对它的探究能够使学生获得什么样的基本规律和原理，何种技能、方法或态度和价值观？（示范意义）

该问题又被分为 2 个小问题：

其一是教师必须明确要教的课题内容对于哪些事务是典型的、有代表性的？例如，"主题引领，议题推进，活动助推"对于整本书思辨阅读是具有范例性的，教师就利用某一本书的课程化阅读来推动学生其他书目阅读学习迁移，达到举一反三的效果。

其二是学生从课题中获得的作为整体的或者个别的知识与日后的教学存在怎样的联系，对未来的教学能起到何种作用？例如，在七年级《骆驼祥子中》中对于议题"祥子悲剧命运"的探讨，在这一议题探讨中，学生逐渐明确了社会、自身、周围环境对于一个人的影响，为其今后分析《红星照耀中国》中的领袖人物，以及《水浒传》中梁山好汉、课内中孔乙己等人物的不同选择奠定了基础。教师只有熟悉所教主题与今后教学内容的关系，才会重视某些重要的基本概念、原理和方法，有利于学生掌握这些重要内容。

二、分析相关内容以及从该课题中能够获得的认识、经验和技能对于学生的智力发展来说具有何种意义？从教育学的角度看，它在这些方面应具有什么意义？（当前意义）

这里就要求教师分析教学内容对学生的现实意义，分析学生对相关主题是否已经有所了解以及是否已有一定的经验。例如，《水浒传》是中国古典小说经典名著,先分后和的链式结构,栩栩如生的人物形象,跌宕起伏的故事情节,崇尚忠义的主题思想,对于学生的语文学习以及精神成长具有深远的意义。但是由于时代久远,其中许多故事学生又略知一二。学生对于《水浒传》整本书阅读兴趣不高,甚至有些排斥。

在该问题的分析之后,教师就会对将要教授的内容有了全面而又整体的了解,然后在教学时就能更好地做到突出重点,以免把时间花费在学生已熟悉的内容上。对于学生熟悉的问题,利用一些实例和问题来促使学生产生新的疑问,从而动摇他们的经验,进行更深入的学习。如金圣叹给宋江拟定了十条大罪:身为押司,散法纵贼;为求进身,姑出于强盗;不安分守己,结纳豪客;私连大贼,杀人灭口;啸聚强盗,烧掠州县;劫狱开仓,收买民心;拒杀王师,横行河朔;自掌赏罚,建立旗号。你同意吗?

在课堂上,学生还会对感兴趣的内容认真学习,而忽视自己认为不重要的内容,因此教师分析了教学内容之后,就能有的放矢地采取应对措施来防止出现这种现象。如《智取生辰纲》一节,学生对其情节非常熟悉,阅读兴趣不浓,我们可以设计如下跨界问题组激发阅读兴趣,深入阅读思考,学以致用。

①请以《都市晚报》记者的身份,写一则新闻,报道黄泥冈发生惊天大案。(新闻报道)

②请围绕章节中的"智"字,设计思维导图,呈现"智取生辰纲"的情节过程。(思维导图)

③假如时光倒流,请你拟定一个"智护生辰纲"的计划书。(应用文)

④生辰纲被劫后,请代杨志发微信朋友圈,要求至少要有三个《水浒传》人物与其互动留言。(新媒体)

⑤郑振铎称《宣和遗事》是"最初的《水浒传》雏形",请对比《智取生辰纲》与《宣和遗事》选段异同。（文史）

⑥杨志押送生辰纲行进路线指瑕。（地理）

三、分析主题对于学生的未来有何意义？（未来意义）

具体说来,当学生在成为青年和成年人后是否会碰到这方面的问题,尽管有些主题在学生的生活中还未遇到,但却是其家庭中成人们常常谈论的话题,像民主问题、性别歧视问题、失业问题等等。教师还可以运用各种手段来启发学生去认识这些内容在将来对他们所具有的意义,调动他们的学习积极性。而且,学生知道了某些主题与他们未来的生活是息息相关的,那么教师在教学时也会更加容易进行。如暴力问题,在目前学习阶段学生关注的可能会很少,但是在将来也许会遇到,在探究鲁智深专题时,我们可以设计这样的探究题:

2010年6月2日,《北京晨报》刊发了北京师范大学教师侯会的一篇文章,该文主张将中学教科书中的《鲁提辖拳打镇关西》一文拿掉。他希望拿掉此文的理由是该文在渲染暴力,对于尚未成年的十几岁孩子而言影响不好。

你认为《鲁提辖拳打镇关西》该不该选入初中课本？

通过上述问题的交流碰撞,教师帮助学生从作品主题、艺术手法、思辨等方面加深对暴力的认识,为其未来人生路上处理类似的危机做了铺垫。

四、分析教学内容的结构是什么？（内容结构）克拉夫基把这个问题又具体分为以下6个问题,我们以《祥子的悲剧》一课加以说明:

一、回顾悲剧情节

在这篇小说中,作者都把哪些"好的东西给毁灭"了?

二、探讨悲剧原因

造成祥子悲剧的原因有哪些?

三、改变悲剧路径

祥子的悲剧命运让我们感到惋惜。如果此刻,自暴自弃的祥子在你面前,你将如何劝说他?

四、珍惜当下机遇

假如祥子有幸生活在 2021 年,生活在这个日新月异、气象万千的时代,你畅想一下祥子的生活状态。

其一是什么是组成整个内容的个别要素?例如在这一议题学习中,既涉及情节、形象、主题等小说基本要素,又涉及劝说、想象联想、对比等能力点训练。

其二是这些个别要素之间有什么关联?教学应遵循要素间的顺序和逻辑关系,按照一定程序进行。如情节、形象、主题属于知识层面的;劝说、想象联想、对比等属于能力层面的。二者遵循由知识到能力的顺序进行学习。

其三是相关内容是否可分层次,在意义上是不是有层次?例如造成祥子悲剧的原因有哪些等等。

其四是什么是所教主题的真正前提?例如祥子的悲剧这个议题的前提是个体与时代的关系。

其五是所教内容的难点是哪些,哪些地方可能成为学习上的难点?比如假如祥子有幸生活在 2021 年,生活在这个日新月异、气象万千的时代,你畅想一下祥子的生活状态。这里的想象联想需要凸显时代的特征以及人物性格变化,是社会环境、人物性格、主题的统一,会成为整个教学的难点。

其六是在教学之后,学生能够收获什么样的基本知识? 采用逆向设计理论,明晰基本的教学目标。

五、分析有哪些特殊的案例、尝试和形式等可以使学生对所教内容产生兴趣、问题并理解、领会它们? (可理解性)教师借助于对该问题的分析,将会使学生更加容易地接受相应的教学内容。

分析该问题需要分成以下三点:

其一哪些状况、情境等"直观现象"适于激发学生针对教学内容的本质及其结构而产生和提出问题? 提出问题应当是教学过程的发动机,只有当教学内容的难度达到学生正在接近的发展水平,但又不完全理解时,他们才有可能对教学内容产生兴趣。

如鲁提辖三拳打死镇关西,除恶扬善,侠肝义胆,让同学们大呼快哉;生动形象的描写,多种感官的运用,语言细腻传神;暴力、血腥、残忍的场面又让人不忍直视……这样的情节接近学生的就近发展去,但是这一章节写得到底好不好又会让学生不置可否。这必然会激发学生的阅读兴趣。

其二是面对现象和事实,学生在哪些直观形式的帮助下,能够独立解答自己透过现象而提出的问题? 例如如何看待《水浒传》这些暴力场面,教师由鲁提辖拳打镇关西谈起,引导学生列举李逵、武松等一路杀气腾腾的情节,作为横向支架,引导学生分析死伤者的身份,进而探讨对暴力的认识。

其三是学生基于范例而获得了新的知识,那么教师应该给学生布置哪些作业才可以使他们进行有效的应用和练习? 例如,在探索了祥子的悲剧之后,就可以让学生把它作为范例,然后去独立分析虎妞、老马、小福子的悲剧原因。可见,教师以此可以避免使作业成为机械性训练,进而通过作业去激发学生的学习热情。

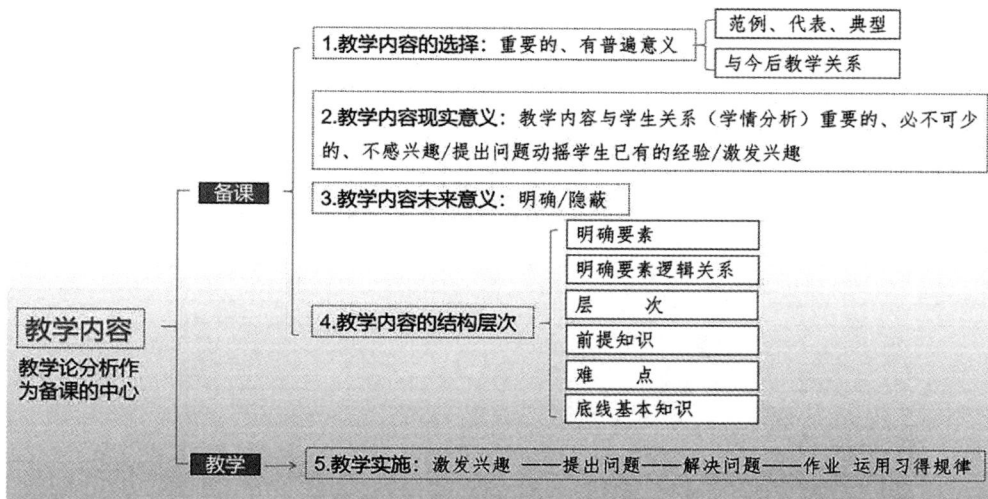

图10 教学论分析的五个问题

参考文献：

[1] 李其龙.克拉夫基的教学论思想（上）[J].外国教育资料，
1982（04）:5-12.

[2] 李其龙.克拉夫基的教学论思想（下）[J].外国教育资料，
1982（06）:7-14.

[3] 李洋.克拉夫基的教学论思想研究 [D].上海：华东师范大学，
2012.

第四章

思考之路

—— 整本书阅读的相关研究

第一节　例谈名著阅读问题设计的三种导向

经典名著以其卓越的艺术思想价值处于人类精神文明史的巅峰。受思想阅历的局限性，在经典作品面前学生往往处于被动状态，或者说是处于沉睡状态。教师的任务是将其唤醒，提升起来，化被动为主动，最好的方法就是带着问题推进阅读深度。[①]

提出一个问题比解决一个问题更重要、也更困难。阅读问题设计的好坏直接关系到阅读的质量与效率。一个好的问题会成为整本书阅读的引擎，驱动学生走向作品纵深处。驱动性问题不但能使阅读主体性从自发上升到自觉，还能变被动阅读为主动探讨。关于驱动性问题，夏雪梅认为教师需构建学科基础知识和技能核查网，提炼学科关键概念，形成核心知识，进而确认这一学科核心知识背后的认知策略，形成本质问题并转化为驱动性问题，配以适切的流程和评价；驱动性问题就是将比较抽象的、深奥的本质问题，转化为特定年龄段的学生感兴趣的问题。[②]如何设计有价值的驱动性问题呢？笔者以为要注意以下三个导向。

一、思辨导向

兵不在多而在于精，优质的问题设计往往牵一发而动全身，起到以一敌百的效果。这类问题对于学生的阅读探究具有持续吸引力，

[①]孙绍振.整本书阅读方法：带着问题进行具体分析（上）——以《三国演义》为例[J].语文建设，2020（07）：44-47.

[②]夏雪梅.项目化学习设计：学习素养视角下的国际与本土实践[M].北京：教育科学出版社，2018.

它辐射的章节广泛,串联的问题丰富,引发的思考多维,产生的思想碰撞激烈。思辨性问题以其角度多元,思考深刻,动力十足的特点往往能担此重任。

比如在《水浒传》"三山聚义打青州"章节中,可以设计这样的问题:若不是"三山聚义打青州"而是"三山聚义打梁山",又将谁胜谁负呢?请写出你的判断以及推理依据。

这一驱动问题勾连的章节包括桃花山、二龙山、白虎山、梁山,几乎涉及《水浒传》前五十八回内容,可谓相当广泛。涉及的主要人物有鲁智深、武松、杨志、周通、孔明、孔亮、李逵、宋江、林冲等。涉及的人际关系有结拜兄弟武松与宋江;师徒关系宋江与孔明、孔亮,林冲与曹正;生死之交鲁智深与林冲。涉及作战方式中步战、马战、水战……

在阅读实践中,学生从不同角度思考得出的结论让人眼前一亮。如从武将实力比较上看,二龙山的鲁智深、武松对阵的是梁山的林冲、李逵。鲁智深、武松、林冲旗鼓相当,武艺平平的李逵则被学生扒出了被排名九十七位的青眼虎李云、九十八位没面目焦挺"秒杀"的糗事。显然在主将实力上二龙山更胜一筹。从智囊团实力比较看,梁山有智多星吴用,"三山"中无杰出的军事指挥人才,结论是梁山占有优势。从作战方式看,"三山"都是陆地将领,作战形式单一。梁山不仅有水陆将领,还有马上将领,能够"全天候"作战。从作战经验看,梁山经过了三打祝家庄等大型集团化战役,"三山"没有经历过大型战斗。梁山熟悉水陆作战,而"三山"只熟悉陆地作战。因此,梁山更胜一筹。从人际关系来看,武松与宋江结拜兄弟;白虎山的孔明、孔亮是宋江的徒弟,二龙山的曹正是林冲的徒弟;鲁智深与林冲又是生死之交……这些好汉义字当先,侠肝义胆,甘为朋友两肋插刀,怎么可能同室操戈?从主题思想上看,《水浒》又名《忠义水浒传》,崇尚忠义的主题思想是不允许兄弟之间反目成仇的事情发生。对于讲究忠义的梁山好汉来讲,问题中"三山聚义打梁山"这一假设根本就不成立。

通过以上分析判断,我们发现从综合实力上讲"三山"打不过梁山,从道义上讲"三山"更不应该打梁山。这一驱动性问题不仅是关乎胜负二元辩论问题,而且涉及更多角度和立场的冲突碰撞。学生需要在解决问题的过程中,发现新理由,做出新推断。这一驱动性问题涉及场域宏大,人物繁多,关系复杂,领域广阔,思辨性强,显示出十足的动力,有效地推动了整本书的深度阅读。

二、角色导向

儿童天生就富有想象力,在想象的世界里,他们把自己扮演成现实世界的各种角色。即使到了青少年,学生们也喜欢扮演成人角色,并为那些无限可能而兴奋不已。教师可以充分利用学生的这一特点,为学生提供一个真实的角色,模拟情境,以推进深度阅读。

情境认知理论认为知识是蕴含于情境之中的,学习的设计要以学习者为主体,通过参与实践促成学习和理解。在作品阅读中,我们可以设计类似"如果你是……,你会……"的模拟问题。如"如果你作为梁山泊纪念馆的设计师,你会如何设计纪念馆?""你作为梁山的主帅,你会选择招安吗?"……以上角色导向问题,为学生提供一个模拟情境,学生代入感非常强,阅读兴趣被彻底激发。当学生进入角色情景时,他们会自发主动地学习、分析、综合运用知识,使得自己扮演的角色更专业、更成功。[③]同时,面对相同的任务,扮演的角色不同,完成任务的途径和运用的知识以及得出的结论便有很大的差别。

如"如果你是梁山好汉,你支持宋江和晁盖谁做头领呢?为什

---

③张玮逸,刘徽.项目化学习中驱动性问题设计的三种导向[J].上海教育,2020(26):34-37.

么？"这一驱动性问题旨在创设名著阅读中的真实情景，打通名著与读者的时空隔膜，让读者运用阅读知识，在复杂的情节中去深度思考分析晁盖、宋江的性格特点，从而选出自己支持的对象。

如晁盖是一个义薄云天、宅心仁厚的英雄。但是从他"但有人来投奔他的，不论好歹，便留在庄上住"看出他头脑简单，有勇无谋；从他江州劫法场不想退路，跟着李逵乱走，险些酿下大祸，看出他遇事慌乱无计划；从他攻打曾头市，不听劝阻，中箭身亡，看出他意气用事，轻率冒进……

宋江是争议最多的一位英雄。《水浒传》中的英雄好汉基本上只有一个绰号，宋江却有四个绰号。除黑宋江指其形体外貌外，孝义黑三郎、及时雨、呼保义映射出这个人物的复杂性。金圣叹更是认为，"若夫宋江者，逢人便拜，见人便哭，自称曰'小吏小吏'，或招曰'罪人罪人'的是假道学真强盗也，然能以此收拾人心"。忠义的化身、伪善、野心……宋江可谓是千人一面。读者要从多角度、多方面去考证，才能给予争议最多的宋江一个客观公允的评价。

在上述问题探讨中，对于晁盖和宋江的性格缺点，不同的角色扮演会展开激烈的"矛盾冲突"，这其中又涉及小说的整体艺术构思、版本演变以及现实政治等因素。这样在不同的角色情境中会产生新的碰撞与交流，促进阅读活动持续深入发展。

三、连接导向

著名学者余秋雨先生在《青年人的阅读》中指出，"名著和其他作品在文化方位上是不平等的，他们好像是军事上的制高点，占领了它们，很大一片土地就不在话下了。"整本书能够全景式的展现特定时刻的生活场景，它如江河湖海，可以开阔视野，丰厚体验。正由于其宽广的语言场景，丰富的文化现象，错综的人物关系，也容易使读者深陷作者的精神世界之中，迷失自我，丧失了独立的判断。在进行驱动性问题设计中,我们通过连接性驱动问题,引领读者跳出名著看名著,从而能对作品做出更加客观地评价。如下面这道问题,"读材料,结合百回版本,围绕'忠'与'义''忠义'与'荡寇',以'我眼中的宋江为题',写200字左右的文章,对宋江做出评判。"

【链接材料】

材料一:金圣叹给宋江拟定了十条大罪:身为押司,散法纵贼;为求进身,姑出于强盗;不安分守己,结纳豪客;私连大贼,杀人灭口;啸聚强盗,烧掠州县;劫狱开仓,收买民心;拒杀王师,横行河朔;自掌赏罚,建立旗号。

材料二:俞万春"扫荡"《水浒》——续写《荡寇志》,评价宋江,"既是忠义,必不做强盗;既是强盗,必不算忠义"。

材料三:宋江将梁山正厅号由"聚义厅"改成"忠义堂",杏黄旗、石碣刻着"替天行道""忠义双全",以宋江为代表的梁山英雄以此为自己的方向。

上述问题中涉及《水浒传》中的金圣叹七十回腰斩本,李卓吾百回本,还有俞万春续写腰斩本的《荡寇志》中对于宋江的不同评价。连接材料的引入,帮助学生打开了认识宋江的多扇窗户,扩展了学生阅读视野,引发学生对宋江评价的新思考。宋江这一形象从原有的单一舞台中央(一个版本),转移到多个舞台(多版本)的交汇处,读者可以从更多的维度比较审视,求证评价,重新审视对宋江已有的认知,从而获得新的理解感悟,以此促进学生对作品的深度理解。

类似的驱动性问题还有如,"郑振铎称《宣和遗事》是'最初的《水浒传》雏形',请对比节选段落与《智取生辰纲》一回,谈谈'成形'后的水浒故事在写法方面有哪些妙处。"这一连接导向问题主要采用互文对比方法,通过连接《宣和遗事》相关资料与《智取生辰纲》

情节做对比,引导学生体会《水浒传》在情节设置、叙事技巧、细节描写等写作手法方面,较以往版本已经愈发成熟。

链接导向驱动问题的设计,不仅能拓宽学生阅读的广度,提升学生阅读思考的深度,更有助于培养学生客观、理智、全面思考问题的习惯,对成长中的学生形成正确的世界观、价值观具有积极意义。

需要注意的是,以上驱动性问题的设计导向可能不同,但是都要指向学科核心知识。核心知识是驱动性问题的灵魂,这些核心知识既可以是书本中的文本价值,也可以是学生精神发育中的成长价值。另外,在实践中,三种导向驱动问题可以灵活综合运用。例如"有人说'逼上梁山'是个伪命题,真正'官逼民反'只有林冲一人,最惨上山者竟是被自己人'坑'的。请根据你的探究阅读,谈谈你对此的认识",就既是思辨导向又是链接导向的驱动问题。"如果你是杨志,时光倒流,又回到了黄泥冈,你如何扭转乾坤改变命运,请你拟定一个'智护生辰纲'的计划书",则是思辨导向与角色导向相结合的驱动问题。

第二节　走向高阶思维的名著阅读
——以《骆驼祥子》为例

眼下整本书阅读异常火热,洗尽铅华,回归到阅读的起点我们不由得在思考一个问题,为什么要进行整本书阅读?是我们的学生缺少整本书阅读吗?笔者经常听到家长如此抱怨:我孩子读了很多的书,可是语文成绩还是不好。事实上,我们学生阅读的纸质和电子书并不少,只是这些作品以内容浅薄主题荒诞居多,学生的阅读习惯也过于随意。这样的阅读不仅是无效的,而且对青少年的成长还是有害的。

　　基于以上认识,我们的整本书阅读应该以价值观引领,思维提升为导向,以有效的阅读方法为载体,以培养终身学习的阅读者。其中发展、提升学生思维,是语文核心素养的重要组成部分,也是个体走向卓越的动力系统。但在现实中缺乏必要的"测量"工具,使这一素养的落地变得玄虚起来。本文主要以布鲁姆的目标分类学为依据,以《骆驼祥子》整本书阅读为例,谈谈如何在名著阅读中发展和提升学生的思维品质。

　　首先对于《骆驼祥子》这部书的价值定位为"底层人物的光辉与毁灭",以此培养学生悲悯的情怀以及如何面对现实挫折的挑战。其次这部小说共二十四章,计划十七个课时(每周两节)完成。其中用十二个课时梳理情节、形象、主题等,用五个课时完成专题研讨。计划用两个月的时间完成。

　　在情节梳理时,教师主要使用布卢姆的目标分类学,通过对知识以及认知过程的维度定位,进而尽最大可能地体现思维梯度,促进学生思维的发展。我们以前四章为例:

表一	《骆驼祥子》						第 1 课时	
章节	知识维度	认知过程维度					课堂形式	阅读方法
		记忆	理解	运用	分析	评价	创造		
第一二章	事实		1.1			1.2		1.1、1.3 展示、解说 1.2 对话、补充 2.2 对话、质疑 2.1 对话、拓展	精读 圈点勾画
	概念			2.1					
	程序				2.2				
	反省认知						1.3		
1.1 用思维导图介绍北京人力车夫。 1.2 通过第一章的阅读,谈谈你对祥子的评价。 1.3 为祥子设计一张生日卡片,并写上你的勉励与祝福话语。 2.1 转换叙事角度,以第一人称改写祥子丢车后控诉("凭什么")段落。 2.2 结合第二章内容,谈谈你对"福兮祸之所倚,祸兮福之所倚"的理解								

表格由学习章节、知识维度、认知维度、阅读方法、课堂形式五部分构成。由知识维度和认知维度构成的二维目标是本节课的学习内容；认知维度是训练提升学生思维能力的明确目标。课堂形式是教师上课教学采用的教学组织形式。阅读方法是阅读能力的核心要素，在学生完成学习内容过程中，教师对学生的读书方法加以指导。

第一章作为小说的开端，作者主要向我们展现了旧北京人力车夫这幅辛酸的市井画卷以及介绍了祥子通过个人奋斗买车的经历。其中拼命挣钱买车的经历，运用了多种描写方法，文笔细腻，语言生动形象，鲜明地刻画了祥子的形象，也是作品的第一次小高潮，比较适合精读，指导学生在阅读中进行圈点勾画，批注阅读。

问题"1.1用思维导图介绍北京人力车夫"，这个问题指向第一章的第一部分。小说人力车夫作为一种职业属于一个基本的"事实"。学生通过思维导图，迅速地了解人力车夫的分类以及这种职业的特点。便于学生理解整篇小说的阅读背景。所以在认知维度定位为"理解"。当然如果我把这个学习内容下移一行，那么教学内容中就要增加"思维导图"的概念理解。对于这个学习内容，在课堂上只需要学生进行小组展示、解说即可。

问题"1.2通过第一章的阅读，谈谈你对祥子的评价"，这个问题思维目标指向评价，需要学生结合文中的"事实"，全面评价祥子的形象特点（优缺点）。在课堂上只需要学生进行小组交流、补充即可。

问题"1.3为祥子设计一张生日卡片，并写上你的祝福语"，这个问题从知识层面对应的是"反省认知"，是学生阅读文章后，对人物融入了自己独特理解的再现。需要学生发挥自己的想象力，将作品内容情感与卡片的设计结合起来，进行一次富有挑战性的创造。课堂上主要通过展示解说完成。

第二章内容主要介绍了祥子痛失爱车以及夜半逃亡的经过。问题"2.1转换叙事角度，以第一人称改写祥子丢车后控诉（'凭什么'）段落的内容"，这个问题从知识维度看涉及人称概念分类，转换人称则是考查学生运用知识的能力。课堂上主要通过交流展示以及教师对于人称知识的拓展提升。

　　把问题"2.2 结合第二章内容，谈谈你对'福兮祸之所倚，祸兮福之所倚'的理解"放在"程序""分析"处，其中"程序"要求学生掌握回答此问题的基本思路；认知层次的"分析"，需要学生对小说的内容与"福兮祸之所倚，祸兮福之所倚"这句话进行比较分析。课堂主要通过交流对话完成，同时又要对"福兮祸之所倚，祸兮福之所倚"这句话进行质疑讨论。

表二		《骆驼祥子》							第 2 课时
章节	知识维度	认知过程维度						课堂形式	阅读方法
		记忆	理解	运用	分析	评价	创造		
第三四章	事实	4.1						3.1 对话、质疑 4.1 展示 4.2 对话、补充 4.3 对话、拓展	略读
	概念	4.3							
	程序				4.2				
	反省认知						3.1		
3.1 猜测一下买骆驼的老者在后文中会出现吗？ 4.1 "骆驼祥子"名字的由来。 4.2 简介刘四爷。 4.3 插叙祥子在人和车厂经历的作用									

　　（表二分析略）

　　通过将布卢姆目标分类法与名著教学结合起来，我们不仅可以在有限的课堂教学时间内明确学习问题，使发展提升思维在操作实践中变成一种可能，更能够保证教学评价的一致性。在使用布卢姆目标分类学时，目标定位有很大的弹性空间，放在哪个维度完全取决于教师对教学重点的确定。这个表格在使用一段时间后，我们可以通过大数据分析，掌握各阶段认知维度出现的频率并作相应调整，使整个思维训练在科学规范的框架下进行。

第三节　五种课型助力，名著阅读生根

一个人完整的阅读体系应当是由单篇阅读、群文阅读、经典名著阅读构成。其中经典名著阅读处于语文学习的核心位置，是发展学生语文素养的重要方式。但是目前受课时影响，考试压力，学生的阅读通常只局限于单篇。名著阅读长期处于自然生长状态，名著阅读荒漠化现状日趋严重。

基于上述现状，笔者在学校做了名著阅读课程化①的尝试。将课外名著阅读纳入到课上阅读，每周安排两节名著阅读课。我们遵循"读一读，引一引，拓一拓，写一写"，这种循序渐进，螺旋上升的阅读规律。在实践中实施了以下五种课型：

自读课：倡导学生与文本对话。在自读课中，学生可以批注阅读（概括式、评价式、分析式、想象联想式），记录下疑问。如在阅读《狼图腾》时，学生找到近六十个问题，这些问题涉及作品的方方面面，可见学生阅读之广泛深入。

同时学生可以选作探究题目，如在阅读《苏东坡传》时，我们的探究题目就是"画出苏东坡流浪的地图"；阅读《红岩》时，让学生办一期《挺进报》；阅读《边城》时，让学生涂鸦一幅茶峒碧溪图……这些探究题目的设计不仅有助于学生对整本书内容的理解，又可以激发阅读兴趣。

助读课：鼓励学生与学生之间对话。在助读课中，教师整合归纳学生在自读课中的问题，班级同学交流释疑。如在《狼图腾》的助读

---

①徐玉根．初中名著阅读课程化的思考与实践 [J]．教学月刊：中学版（语文教学），2016，21（2）：29-31.

课中,老师将学生提出的问题加以梳理整合,发现共性的问题是:①对于狼,游牧民族和农耕民族为何会有截然不同的认识? ②作者认为正是由于草原游牧民族的"狼性"不断给中原农耕民族的"羊性"输血,中华文明才得以延续至今。你同意作者的观点吗? 课上同学们就这两个问题,展开深入地思考、探究、辩论,以此解决自读课中的问题。

引读课:引导学生与教师对话。教师将自己的阅读体验感悟与学生进行碰撞,引领学生驶向思想的纵深处,亦可生发新的疑问,促进学生思维的发展。在《活着》中,引领学生探讨如下人生话题:"也谈富不过三代""由别去打扰别人的幸福说开去""面对挫折是抗争还是顺从""一个人与一个时代",通过这样的引读,探讨作品中的人生密码,进一步培养学生的理性思辨力。

在阅读《活着》作品时,前期学生完成了"我为某某写自传"任务,对作品的人物形象已有了深刻的把握。在此基础上,老师将自己对作品人物的理解用诗歌形式呈现出来,引领学生用诗话的语言表达见解,激发学生的创作欲望。课后同学们留下了不少佳作:

(一)晨雾朦胧 / 一半儿浥湿了改名换姓的五亩良田 / 一半儿粗糙了曾经肥嫩挥霍的双手 / 一半是苦 / 一半是甜

月辉清冷 / 一半儿洒在荒郊的座座新冢 / 一半儿消失在生者深不见底的漫漫长夜 / 一半是死 / 一半是生

残阳如血 / 一半儿催促着步履蹒跚的老牛 / 一半儿映红了福贵布满沟壑的脸颊 / 一半是幸存 / 一半是生活

——学生习作《活着就是希望》

(二)垂暮的老牛哞哞地耕耘 / 垂暮的老人唱着旧日的歌谣 / 阳光布满夏日的午后 / 如烟的往事飘过心头

曾经年少轻狂不知愁 / 有多少青春财富可以挥霍放纵 / 三担铜

钱磨破了肩膀 / 五亩田地怎度余生

老母妻子相依相伴 / 贫穷的日子虽苦犹甜 / 生命长短不由人说了算 / 快乐就是活着的信念

垂暮的老牛哞哞地耕耘 / 垂暮的老人唱着旧日的歌谣 / 活着的人苟且活着 / 一个人把亲人幸福地怀念

——学生习作《怀念》

延读课：搭建学生与世界对话的平台。教师给学生推荐与作品有关的影视作品、相关评论、创作背景等，将学生推向一个更高的视角平台，引导学生与世界对话，立体多维地审视作品。如在阅读《狼图腾》时，我们观看了《狼图腾》电影，比较电影与作品的异同，探讨其背后的猜想；同时我们也给学生提供了有关《狼图腾》的批判性文章，不拘泥于一家之言，尽量倾听多方面的声音，以此供学生自主选择，辨证阅读。

读写课：展示学生阅读收获的舞台，是以读促写的落脚点。学生用探索性写作展示自己的思考和创作，促进自我成长。于是在我们的名著辅助读本《名著中的人生密码》作品集中，留下了许多学生精彩的篇章，包含了他们对作品的独特思考：

（一）他写一笔雨，那雨水就穿透层层云雾，打湿了书本。你甚至生怕纸页上长出一片竹林来。写一笔翠翠，那翠翠就乖乖巧巧地坐在船上，顾盼生辉，伶俐纯真。她在碧溪岨的静水里搅起波澜。

翠翠是渴望自由的，就像许多人一样。所以使她滋生出无限的哀愁，又说不出口。想逃走，又总有极美的山水画卷，爷爷的温情，带着灵性的万事万物羁绊着她。像温暖笼子里的小野兽。既想逃亡又割舍不断。这是她必不可少的痛处。

——节选自《边城》读后感

（二）一位博古通今的智者，学狼、护狼、拜狼、杀狼。运筹于帷幄之中，于是，大命小命生生不息。一位虔诚的布道者，终其一生，坚守信仰，为草原代言。

当贪婪张开魔爪，扑向自由的草原，你用狼性的脊梁，撑起羸弱的躯体，奔走呼号，呼号奔走，只可惜隆隆的机器声，湮没了你声嘶力竭的呐喊。

当最后一位草原之子，在群狼的挽歌声中，慢慢地飞向了腾格里时，草原精神也随着漫天的黄沙，陨落……陨落……

——节选自《狼图腾》读后感

通过名著阅读的五种课型，引导学生从自我开始，到与同伴、教师、世界对话，直至表达自我独特感悟结束。在这样的阅读过程中，学生不断丰厚对作品的理解，深入挖掘作品的人生内涵，实现名著阅读价值最大化。

在短短的两年试验中，同学们读了近二十部作品，人均完成六万余字的读书笔记，目前已经结集成册了《三十四中学生这样读＜史记＞》、《名著中的人生密码》两本书。北大中文系温儒敏教授说："阅读量上去了，孩子成绩不会差，如果一个学生阅读面广，视野开阔，语文素养一般也会比较高。"素养提升了，成绩只是附加值了。我们深信，遍读名著如满山种树，五种课型，必将助力名著阅读落地生根，同学们最后收获的一定是一片生机勃勃的森林。

第四节　与教材单元融合，助名著课程行稳
——以《骆驼祥子》为例

名著课程化是当前解决整本书阅读的一个热门话题。名著课程化通常是根据作品内容设置相应导读问题，以此驱动整本书阅读。

这种方式往往把名著作为一个独立的教学资源与教材单元教学割裂开来,弱化了名著教学价值;在课时有限的前提下,注定使名著教学陷入边缘化、荒漠化的困境中。

自 2015 年始,笔者在名著课程化方面做了实践尝试。在实践中发现,主题融合、写作融合、阅读方法融合,是名著课程化落地的有效路径。笔者以统编七下名著《骆驼祥子》为例说明。

一、主题融合

"群星闪耀"、"热爱祖国"、"凡人小事"是统编教材七下一至三单元的人文主题。名著阅读《骆驼祥子》作为一部经典作品其内涵是丰厚深刻的。结合中学生的特点,这部小说的成长价值我们可以确定为"一个人的成长奋斗与堕落史"。这一成长价值的确定,可以勾连起人物形象(内因)和作品主题(外因)。在教学实践中,我们通过任务驱动促进名著与单元主题深度融合。具体示例如下:

问题一:祥子最后放弃了奋斗;面对困难,邓稼先、闻一多选择坚持、钻研、抗争。如果此刻,面对自暴自弃的祥子,请你用邓稼先或闻一多的事迹来劝说他。

问题二:在《骆驼祥子》中,我们看到了旧社会的黑暗;在《土地的誓言》中,我们倾听到了被踩踏的土地发出的呐喊;在《老山界》中,我们感受到了顽强坚定的必胜信念……审视历史,我们愈发感受到现实生活来之不易。

如果 2020 年,祥子自驾到老山界旅游,你替他发个朋友圈,抒发他对新时代的赞美。要求:至少要有三个好友(《骆驼祥子》和前三单元中作品的人物)与其互动留言。互动既要有创意,又要顾及人物性格命运。

问题三:祥子与老王都是人力车夫;高妈与阿长都是保姆;《台阶》中的父亲是农民,他们都是普通的平凡人。邓稼先是科学家,鲁迅、闻一多是思想家、革命家,他们都是民族社会发展中的中流砥柱。对于"平凡与伟大"你是如何看待的?

这三道题目紧紧围绕单元主题与主要人物形象设置。问题一紧扣第一单元设置。劝说的形式,拉近名著与读者的距离;劝说的内容,来源于对邓稼先、闻一多形象的把握;劝说的结果是对祥子性格弱点(内因)的自我反思成长。

问题二以第二单元为主,同时兼顾一、三单元。发朋友圈形式,富有时代气息,能激发学生阅读兴趣;朋友圈的内容,既是对单元主题"热爱祖国"的热情讴歌,又是对祥子堕落社会原因(外因)的呼应;好友互动,既能加深对人物形象的认识,又能深化对单元主题的理解。

问题三紧扣一、三单元,通过对"平凡与伟大"的辩证认识,既激励学生树立远大的理想目标,又培养学生怀有悲悯情怀,从而提高学生的思辨力。

二、写作融合

在写作上,教材设置了三个训练点:"写出人物的精神"、"学习抒情"、"抓住细节"。读写结合是我们的写作教学策略,如找出描写老王、阿长的句子,结合语境赏析、仿写等。教师引导学生对典型事例和关键语句品味,通过模仿、情景设置进行专题写作训练。受单篇内容相对单一所限,这种训练方式相对松散。我们完全可以发挥整本书阅读优势,通过作品中人物描写集中呈现,训练相应写作方法。笔者设计了下列一组训练:

问题一:从原文中找出运用五种人物描写方法刻画祥子的句子,分析其形象特点。(要求所摘录的句子能勾勒出祥子性格变化轨迹。)

本题依托"写出人物精神"这一写作训练点设计。摘录刻画祥子的句子使学生明晰描写人物常见方法及其作用。同时对所选语句的特定要求，不仅考查了学生对整部小说情节的把握，而且有助于学生直观感受到人物描写与人物精神刻画的关系。这样的设计使阅读与写作有机融合，提高了课堂效率。

问题二：阅读选文①，回答问题。

风吹弯了路旁的树木，撕碎了店户的布幌，揭净了墙上的报单，遮昏了太阳，唱着，叫着，吼着，回荡着；忽然直驰，像惊狂了的大精灵，扯天扯地的疾走；忽然慌乱，四面八方的乱卷，像不知怎好而决定乱撞的恶魔；忽然横扫，乘其不备的袭击着地上的一切，扭折了树枝，吹掀了屋瓦，撞断了电线；可是，祥子在那里看着；他刚从风里出来，风并没能把他怎样了！胜利是祥子的！

请以《都市晚报》记者的身份，写一则新闻，简要报道祥子在寒风中拉车的情景，并对祥子性格做简要的评论。

本题依托"学会抒情"这一写作训练点设计。选文主要通过环境描写从侧面写出祥子坚韧、勤劳、为梦想而奋斗的精神。题目主要通过新闻报道评论的写作方式，实现两个教学目的：一是塑造人物可以借助一定的手法，如对比、衬托，正侧结合，虚实结合、借情抒情等；二是塑造人物可以运用议论、抒情来画龙点睛。

问题三：阅读选文②，回答问题。

祥子又想了会儿，没办法。他的手哆嗦着，把闷葫芦罐儿从被子里掏了出来。

"我看看！"孙侦探笑了，一把将瓦罐接过来，往墙上一碰。

祥子看着那些钱洒在地上，心要裂开。

"就是这点？"

---

① 老舍.骆驼祥子[M].北京：人民教育出版社,2017：70-71.
② 老舍.骆驼祥子[M].北京：人民教育出版社,2017：99.

祥子没出声，只剩了哆嗦。

"算了吧！我不赶尽杀绝，朋友是朋友。你可也得知道，这些钱儿买一条命，便宜事儿！"

祥子还没出声，哆嗦着要往起裹被褥。

"那也别动！"

"这么冷的……"祥子的眼瞪得发了火。

"我告诉你别动，就别动！滚！"

祥子＿＿＿＿＿＿＿，推门走出来。

选文中三处"哆嗦"反映了祥子怎样的心理？请在画线处补写一处细节描写，再现祥子当时心理状态。

本题依托"抓住细节"这一写作训练点设计。学生通过细节描写分析，感受祥子心理变化。祥子的心情从买车时单一的惊喜、激动，到被孙侦探讹诈时的复杂：准备拿钱时，内心恐惧、不知所措；看到自己的心血即将被夺去时，内心满是痛恨、愤怒；钱被讹走时，内心绝望、无助。在比较品味中，细节描写的妙处浮出水面。第二题紧承第一题，通过补写细节，再现复杂心理，实现从第一题的感知细节作用到细节写作实践训练。

三、阅读方法融合

对于阅读方法，七下第一、二单元主要学习的读书方法是精读，第三单元学习的读书方法是熟读精思;《骆驼祥子》需要掌握的读书方法是圈点与批注。

在统编教材七上名著阅读《西游记》中，教材对"精读"①作过明确解说，"精读"主要包括"细读"、"精思"、"鉴赏"三个层面。圈点与批注是我国传统的一种读书方法。宋朝著名学者朱熹读书时就十

---

①温儒敏.义务教育教科书：语文(七上)[M].北京：人民教育出版社,2017：133-134.

分喜欢在书上做各种记号,初读,再读,三读都用不同颜色的笔圈点勾画,他认为这样能"渐渐向里寻到那精英处"。可见圈点与批注是精读的一种方法。

在教学实践中,我们可以尝试比较阅读,将单元教学与名著阅读结合起来,训练圈点与批注。如下所示:

问题一:阅读选文(一)[①](二)[②],回答问题。

(一)街上的柳树,像病了似的,叶子挂着层灰土在枝上打着卷;枝条一动也懒得动的,无精打采的低垂着。马路上一个水点也没有,干巴巴地发着些白光。便道上尘土飞起多高,与天上的灰气连接起来,结成一片毒恶的灰沙阵,烫着行人的脸。……

(二)浩浩乎!平沙无垠,敻不见人。河水萦带,群山纠纷。黯兮惨悴,风悲日曛。蓬断草枯,凛若霜晨。鸟飞不下,兽铤亡群。亭长告余曰:"此古战场也!常覆三军。往往鬼哭,天阴则闻!"

请从语言特色、写作手法、形象塑造等方面比较选文的异同。

这两段选文均是环境描写。在语言上,白话文生动形象;文言文语言简练、意蕴丰富。在写作手法上,选文均运用了修辞手法,其中选文一主要运用了拟人、夸张;选文二主要运用了对偶。在人物形象塑造上,均通过环境描写渲染烘托……同样是环境描写,我们通过圈点批注,揣摩品味,比较分析,不仅实现了对作品深入理解,也引导学生掌握精读的读书方法。

---

①老舍.骆驼祥子[M].北京:人民教育出版社,2017:158.
②温儒敏.义务教育教科书:语文(七下)[M].北京:人民教育出版社,2016:6.

第五节　书册教学中"跨界阅读"规律初探
——以《水浒传》为例

《水浒传》是中国古典小说经典名著,由于时代久远,其中许多故事学生又略知一二。因此学生对于《水浒传》整本书阅读兴趣不高,甚至有些排斥。在教学实践中,笔者尝试通过跨界阅读策略破解《水浒传》阅读难题,取得了一定效果。

跨界阅读策略就是利用跨界阅读来指导整本书阅读的策略。吴欣歆教授认为"跨界阅读就是跨越不同艺术门类边界的阅读,是突破学科边界、纸质媒介进行的综合阅读"[①]跨界阅读不仅能够激发阅读兴趣,帮助学生体会不同学科、艺术形式在塑造人物、推动情节方面的特点;还能够帮助学生立体化、多维度、客观地分析形象、理解主题。基于此,笔者主要在以下两方面做了尝试:

一、跨越学科边界

整本书包罗万象,往往为我们再现了波澜壮阔的时代背景。作为经典名著《水浒传》,更是一部北宋社会、历史、风俗画卷,这就为跨界阅读策略使用提供了可行性。在《水浒传》阅读时,我们通过与其他学科建立关联,促进学生快乐阅读,深度阅读。

对于小说情节,我们除了运用传统的思维导图标注外,还可以运用坐标系、情节曲线去表示。情节曲线不仅能梳理情节,还能直观显示情节的波澜。如"根据回目提示,以时间、地点、事件为横坐标,以情节紧张程度为纵坐标,画出和鲁智深有关的情节发展曲线图。"教学中,学生还可就情节紧张度的顶点位置进行课堂辩论。如针对"拳

[①] 吴欣歆.培养真正的阅读者[M].上海:上海教育出版社,2019:88.

打镇关西"和"大闹野猪林""倒拔垂杨柳"等顶点之争进行对比分析,明确最能凸显人物性格和小说主题的情节紧张度最高。

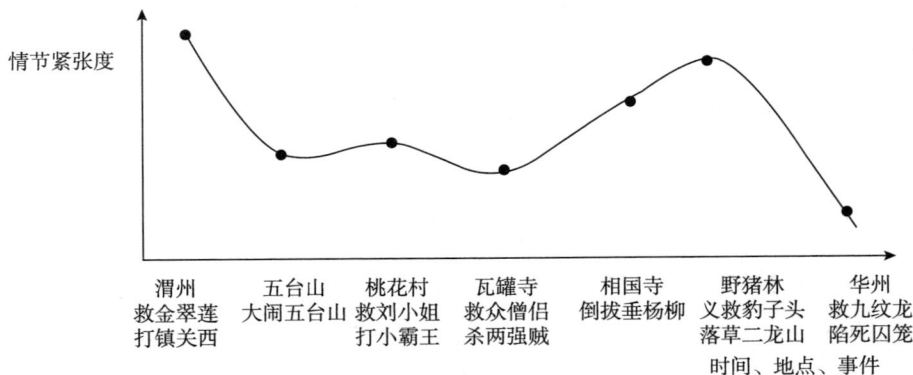

情节紧张度

| 渭州
救金翠莲
打镇关西 | 五台山
大闹五台山 | 桃花村
救刘小姐
打小霸王 | 瓦罐寺
救众僧侣
杀两强贼 | 相国寺
倒拔垂杨柳 | 野猪林
义救豹子头
落草二龙山 | 华州
救九纹龙
陷死囚笼 |

时间、地点、事件

图1 鲁智深情节发展示意图

《水浒传》里的地理性错误相当多,具体如方位、距离、气候、风物等。如武松在沧州别柴进和宋江,回清河县去看望哥哥,在路过阳谷县景阳冈时,打死了一只老虎。许多研究者依据郭沫若主编的《中国史稿地图集》中的地图,指出其存在瑕疵。沧州、清河县、阳谷县三个地方基本上是一条自北向南直线。清河县居于沧州、阳谷县两地中间,武松回清河县却经过了阳谷县,简直是一个笑话。据此,我们可以带领学生开展"趣谈《水浒传》中的地理性错误"研究性学习活动,引导学生在地理趣谈探究中把握小要素,深入阅读作品。

在阅读实践中,我们还可以聚焦某一具体情节,融入多学科跨界阅读。如在阅读《智取生辰纲》一节,我们可以设计如下跨界问题组:

①请以《都市晚报》记者的身份,写一则新闻,报道黄泥冈发生惊天大案。(新闻报道)

②请围绕章节中的"智"字,设计思维导图,呈现"智取生辰纲"的情节过程。(思维导图)

③假如时光倒流,请你拟定一个"智护生辰纲"的计划书。(应用文)

④生辰纲被劫后，请代杨志发微信朋友圈，要求至少要有三个《水浒传》人物与其互动留言。（新媒体）

⑤郑振铎称《宣和遗事》是"最初的《水浒》雏形"，请对比《智取生辰纲》与《宣和遗事》选段异同。（文史）

⑥杨志押送生辰纲行进路线指瑕。（地理）

以上通过新媒体、文史、地理等对智取生辰纲展开聚焦式阅读，每一维度的起点可能不同，但它们的终点均指向小说情节、形象、主题。新闻报道概括小说内容；思维导图理清小说情节以及人物关系；计划书写作是为突出杨志人物命运；发朋友圈是为了明晰人物关系；与《宣和遗事》比较以及路线图指瑕主要是拓展研究《水浒传》的成书过程和如何理解"艺术的真实"。这样多个维度在短时间形成合力、爆发力，教学重点得到充分体现，学生的思维也会得到发展。

在跨学科边界阅读中，除了与其他学科建立关联外，我们还可以用不同的学科视角去解读作品。将文学作品与哲学、心理学等学科融合，实现深度阅读。《水浒传》中不仅有像史进、林冲这样的独行侠，还有以十二座山头为代表的一些小团体。这些山头都在哪里呢？他们的头领有哪些？这些小团体做过哪些事呢？这是一个值得探究的有趣问题。我们可以设计这样的问题：若不是"三山聚义打青州"而是"三山聚义打梁山"，又将谁胜谁负呢？请写出你的判断以及推理依据。

这一问题引导学生多角度比较"三山""梁山"的军事实力以及其中错综复杂的关系，并能对事物发展趋势做出合理推断。从不同角度思考，可以得出不同结论：

从武将实力比较上看，二龙山的鲁智深、武松对阵的是梁山的林冲、李逵，显然二龙山的实力更胜一筹。结论是"三山"占优。

从文将实力比较看，梁山有智多星吴用，"三山"中无杰出的军事指挥人才，结论是梁山占有优势。

从作战方式看,"三山"都是陆地将领,作战形式单一。梁山不仅有水陆将领,还有马上将领,能够全天候作战。结论是梁山更强。

从作战经验看,梁山经过了三打祝家庄等大型集团化战役,"三山"没有经历过大型战斗。从作战经验值看,梁山胜。从人际关系来看,武松与宋江拜把兄弟;白虎山的孔明、孔亮是宋江的徒弟;鲁智深与林冲是生死之交;曹正是林冲的徒弟……从心理学角度看,对于讲究忠义的梁山好汉来讲,问题中"三山聚义打梁山"这一假设根本就不成立。

通过以上分析推理,我们发现从实力上讲"三山"打不过梁山,从道义上讲"三山"更不应该打梁山,这是文字内在逻辑力使然,即使施耐庵想打都不行。正如毕飞宇所说"作家的能力越小,他的权力就愈大,反过来,他的能力越强,他的权力就越小。"[①]施耐庵的小说很实,他依仗的是逻辑。

在以上跨学科阅读策略运用中,我们发现,各学科要么分散在不同章节中,要么集中在一点。这种参差变化、松紧不一的跨学科阅读,使《水浒传》阅读成了"梁山"畅游之旅。身在其中,时时有小惊喜,处处有小期望,回回有深印记。

二、跨越艺术边界

跨越艺术边界的阅读指教师利用不同艺术形式分析文本,进行阅读启发,指导学生多维度、创造性阅读。在阅读实践中,绘画、戏剧、音乐等艺术形式均可进入我们的阅读实践中。

白描是中国画技法形式中的一种创作形式,"水浒叶子"就是典型的白描画作。在《水浒传》人物专题活动中,我们可以通过"水浒叶子"分析

图2 《水浒》叶子

①毕飞宇.小说课[M].北京:人民文学出版社,2017:36.

人物形象；并鼓励学生尝试制作"水浒叶子"，重新给英雄设计绰号、赞语，创新"叶子"用途，重新设计"水浒叶子"游戏。以此激发兴趣，加深对作品形象的理解。

手绘地图以其生动活泼而又富有个性形式深受大家的喜欢。在进行《水浒传》观光游的项目式学习中，我们要求学生手绘十二座山头旅游观光地图，并在图示中标注出主要山头好汉的名字和山头推介语。这样的活动设计从筛选山头信息开始，到整合信息，创新设计、写作结束。它不仅能拉近作品与现实的距离，更能培养学生创新意识，实现读写画一体化。

戏剧涵盖了美术、音乐、文学、舞蹈等综合艺术表现形式。余秋雨在《世界戏剧学》一书中指出，"戏剧是学习语言最好的方式和手段。孩子们在真实的语言交流场景中以戏剧角色的身份去听和说，这尤其符合儿童学习发展的需要。"在《武松打虎》一回中，我们将其改编成课本剧并举行展演。改编的过程就是对作品理解的外化过程。表演不是以学习戏剧知识和表演技能为目的，而是将戏剧元素渗透到名著阅读中，从相互交流中发现可能性、创造新意义。

"酒"是《水浒传》中常见之物，酒歌这一音乐形式在《水浒传》中也多次出现。如第三回《赵员外重修文殊院　鲁智深大闹五台山》中有"九里山前作战场，牧童拾得旧刀枪。顺风吹动乌江水，好似虞姬别霸王。"第五回《九纹龙翦径赤松林　鲁智深火烧瓦官寺》中"你在东时我在西，你无男子我无妻。我无妻时犹闲可，你无夫时好孤凄！"第十五回《杨志押送金银胆　吴用智取生辰纲》中"赤日炎炎似火烧，野田禾稻半枯焦。农夫心内如汤煮，公子王孙把扇摇。"作者将酒歌这一道具隐藏在人物刻画与情节构思中，使酒发挥出独特的作用。在实践中我们设计了这样的问题：请你任选其中一首酒歌为其配乐并传唱，并说出你配乐的理由。

教学实践中，同学们先从酒歌演唱背景、情节分析，确定酒歌的基调。五台山上的一桶酒,唱尽英雄末路的慨叹,激起鲁智深同是天涯沦落人的感慨。纵情豪饮,鲁智深从此放飞自我,开启了开挂的人生旅程。其歌声悲壮。瓦罐寺中的一桶酒,唱出崔道成、丘小乙的荒淫无度,点燃了鲁智深、史进除暴安良地正义之火。其歌声靡靡。黄泥岗上的一桶酒,道出了官民尖锐深刻的矛盾,"北斗七星"举起了劫富济贫、替天行道的大旗。其歌声悲愤。当基调确定后,学生很容易就会找到与之匹配的背景音乐。

在以上跨界阅读中,从文学语言到视听语言,从虚拟想象到身临其境,学生行走在不同的艺术形式中,可以获得比单纯阅读文本更为多元的感受与认识。

跨界阅读的前提是阅读原著,跨界的目的是对比、融合,加深体验,形成新的理解感悟。无论采用哪种跨界方式,最终都要回归作品本身。在教学实践中,我们也注意到"跨界阅读要从不同层面、不同途径、不同角度切入,并采取与切入点相适应的方法进行综合探究,让学生成为学习的主体,自主探索知识,发现联系。"[1]在跨界阅读中,要警惕设计封闭,预设过强,偏移语文学科主体,信马由缰,随意开放现象。

第六节　名著阅读需要处理好几个关系

一、名著阅读与学习时间的关系

读书的时间从哪里来?这是名著阅读课程化的现实问题。以往把阅读的时间交给课外,事实证明是行不通的。语文学科的事情就必须在语文学科内去解决。现有的学科周课时只有五节课。要想把

---

[1]于婧云. 跨界阅读策略的应用研究 [J]. 语文建设,2019(20):22.

名著阅读纳入课程就必须打这五节课的主意。课时不够，讲不完课，这是一线教师经常挂在嘴边的抱怨，如果再从这里挤时间无异于虎口拔牙。但现实要求我们只能如此，那么对原有的教学方式就必须进行调整。首先，我们提倡单元教学法，强调学一篇通一类。这样原有的单元课时可以节约三分之一。其次，我们提出从语文分析走向语文实践。反对琐碎的肢解文意的分析，琐碎的讲解往往要耗费大量的时间，通常一节新课要两到三个课时完成，是典型的高消耗，低产能。只有抛弃琐碎的、模式化的阅读分析，让学生在自然、愉悦、放松的状态下阅读，注重阅读的思维实践，活动实践，让阅读走向自由、自然。这样就可以为整本书课上阅读预留了宝贵的时间。

二、名著阅读与教材的关系

名著阅读与教材好像是一对冤家。名著阅读课程化势必抢夺了学习教材使用的时间，如何将二者统一起来，形成巨大的合力呢？这就需要我们挖掘名著的文本价值，使其与教材主题能同步起来，达到较好的学习效果。连中国老师认为："整本书的阅读，对学生而言，负担毕竟不轻；何况现在已经纳入考试要求的，又不止一本。因此，在推进过程中，将整本书阅读与课内外学习资源进行适度整合，构成彼此的促进与关联，是十分必要的。"比如部编本七下第三单元的选文分别是《阿长与山海经》《老王》《台阶》是底层小人物专题的，我们完全可以将这一单元学习内容置前，放到第一单元学习。这样我们把《骆驼祥子》的文本价值定位为底层小人物，这样就与单元教学统一起来，二者相得益彰。再如《西游记》《草房子》定位为成长成功类主题，与《走一步再走一步》一类的文章放一单元学习；《海底两万里》为科技幻想类与说明文放一单学习……

三、名著阅读与考试评价的关系

考试是中国基础教育不得不面对的一个尴尬话题。对于初、高中来说,似乎所有的教育改革如果经不起中、高考的检验,最后都只能昙花一现。假使在日常教学里,我们重视整本书阅读,在学生那也取得了实际效果。但在考场上,学生面对的更多是简单记忆、客观再现、复述知识的试题,势必造成教学与考试水土不服,学习成本投入与考试成绩产出不成比例,这必将大大打击师生对名著阅读的热情与信心。

只有"学考评"始终贯穿整本书阅读,特别是通过考试评价这一指挥棒引导,才能保障名著阅读真正落地。2017年高考北京卷的《考试说明》将名著纳入必考范围,旨在用考试倒逼学生阅读经典名著。如2017北京高考微写三选一中的第三题:"如果请你从《边城》里的翠翠、《红岩》里的江姐、《一件小事》里的人力车夫、《老人与海》里的桑地亚哥之中选择一人,依据某个特定情境,为他(她)设计一尊雕像,你将怎样设计呢?要求:描述雕像的体态、外貌、神情等特征,并依据原著说明设计的意图。"

这样的试题评价,不仅倒逼学生阅读名著,还将名著阅读与写作结合起来,读与不读,读多读少,读深读浅,就会明显区分开来。

四、名著阅读与促进人发展的关系

名著阅读的基础目标首先要落实好语文学科核心素养,主要包括'语言建构与运用''思维发展与提升''审美鉴赏与创造''文化传承与理解'四个方面。从方法指向上名著阅读应该教会学生基本的阅读方法,培养阅读习惯。名著阅读最终目标应该是指向人的终身发展。从名著选读上做好整体规划。从科学素养、人文素养、身心健康、艺术审美、多元文化、实践创新等维度构建起指向学生全面发展的名著课程体系。

五、名著阅读与时代的关系

"知识青年"是什么?"上山下乡"是干什么?那个年代,发生了什么？如果你不了解这些，恐怕很难读懂梁晓声的《今夜有暴风雪》。伟大的作品诞生一定有浓郁的时代烙印，是生长在特定政治经济文化背景下的，我们现在阅读经典作品，读者是站在现实的文化立场上去审视思考，从某种意义上讲读者与作品之间有了巨大的鸿沟，这就需要读者既要置身于作品诞生的时代去理解作品，又要以现实的身份去审视作品，这样才能读懂读深作品。这也就需要我们在读作品前，先对作者的生平、所处的时代、那个时代普遍的思潮有起码的了解，才能够在阅读作品的时候，不至于陷入主观臆断，这样在作品理解上的悟性会提高很快。

六、名著阅读与写作的关系

听说读写永远是语文的本分，读最终是为了思，为了写。学生在阅读的基础上可以写随笔、个性理解等读书笔记，也可以写诗、作画、杂感等。但这样的阅读过于随意，尚属阅读的浅层次化。要想真正实现阅读名著的纵深发展，我们可以在给学生充分自由的前提下，对学生的思维方式、价值观也要进行必要的指导。引导学生深入理性思考以及表达是整本书阅读走向课程的标志之一。

第七节　阅读必将走向自由

自古以来，读书之乐，贵在愉悦。我们的先人把阅读看成是一件神圣而美好的事情，阅读前就有沐浴、更衣、焚香的习惯，其对书籍虔诚的态度可见一斑。古人还说"敬惜字纸"，在他们眼里，凡有文字的纸张，都应珍惜。据说仓颉造字时，天地鬼神都为之呼喊哭泣，说明文字所具有的强大震撼力量，这种神话当然未必可信，但反映了人们在印刷物不普及时代的文化崇拜和惜物心态。

阅读应该是一种全身放松的愉悦的心灵旅程，在阅读的世界里，读者既可尽情地欣赏作者创作的世界万象；亦可在曲径通幽处小憩片刻，纵思驰想；也可与作者展开穿越时空的心灵对话……

当今社会，快餐式阅读、碎片化阅读、功利性阅读席卷而来，这样泛滥的浅阅读暂时地适应了快节奏生活的需求，满足了这个躁动社会猎奇、肤浅、功利的求知心理。但这无异于饮鸩止渴，长此以往，我们民族文化的基因就会发生变异。

作为社会中的学校自然不能免于脱俗，在基础教育的语文教学中，教师带着分数的枷锁指导，学生带着分数的镣铐学习。这样的阅读教学，严重扭曲阅读的自然性、愉悦性。当前初中语文教学，以技术派和掘地三尺派独领风骚。

一、技术派

目前，我们的教育生态，以束缚、控制、压制、监管为特征。语文教学中，教师过分强调"技法"，把阅读这种人文性极强的思维活动，变成现代工业生产流水线。凝结作者思维、智慧、独特体验的文章，在像如来手掌般的"技法"统摄下，已经立地成佛，呆若木鸡，千篇一律。阅读已经变成一项繁重、枯燥的体力劳动。我们把一篇篇水灵灵的，充满生命律动的文章，变成了一具具干巴巴的木乃伊。我们只有统一的答题规律，没有千姿百态的文章；我们只有统一模型的产品，没有个性张扬的学生思维。

二、掘地三尺派

中国人讲究内敛含蓄，文人墨客犹是如此，作者极力把自己的思想情感包装起来，呈现给读者或温文尔雅，或清新自然的一面。而现实中，我们的老师对文本，掘地三尺，旁逸斜出，将一篇文章变成了实验室中被解剖的青蛙，分割肢解，再放到放大镜下，肆意放大，广而告之。教师如获至宝，"得意忘形"。在课堂上，采用贴标签，或步步为营的陷阱，"帮助"学生按照固有的程序，揭开这一个个面纱，享受一个偷窥者的乐趣。而学生只能高山仰止，望洋兴叹，面面相觑，敬而远之。且肢解文义，琐碎的讲解往往要耗费大量的时间，通常一节新课要两到三个课时完成，是典型的高消耗，低产能。长此以往，必将使学生产生对阅读的恐惧与厌倦，扼杀了学生持久读书的动力。

鉴于以上阅读教学现状，我们提出从阅读分析走向语文愉悦阅读实践，注重阅读的思维实践，活动实践，让阅读走向自由、自然。

2003 年，埃及最高文物委员会宣布，通过对吉萨附近六百处墓葬的发掘考证，金字塔是由当地具有自由身份的农民和手工业者建造的，而非希罗多德在《历史》中所记载——由三十万奴隶所建造。他们的理由是，一群有懈怠行为和对抗思想的奴隶，绝不可能让金字塔的巨石之间连一片小小的刀片都插不进去。

金字塔不可能是一群被残酷压榨下的奴隶建造的，同样我们的愉悦阅读也不可能在中考、高考高悬的达摩斯利剑下产生，阅读应该成为学生的乐趣和精神需求。苏霍姆林斯基认为："只有当学生的意识中字句跃然纸上，栩栩如生，并变幻着周围世界的色彩和旋律时，他才称得上是在阅读，没有这种'阅读'，则人就有陷入精神空虚的危险。"

近日，生本教育创始人郭思乐教授为好友题字"文有龙心不用雕也"，他解释道，话题来自刘勰的《文心雕龙》，这是一本关于文学剖析和评论的著作。现在的问题是对基础教育的对象要不要进行"文心雕龙"？也就是进行语文分析，答案是"不"。作文就是生命跃动的表现，任何对生命跃动的描述、分析都是苍白无力的。把这种分析用以传授给孩子们是多余的——后者拥有与外界文章发生心灵感应的生命，分析只会剥夺、破坏孩子们对大自然的享受，禁锢他们自主地、创造性地、独立地语言。因为语文，就是一种本能享受。

对于此种观点，郭教授在他的《教育激扬生命》中指出，情感和悟感形成的底蕴，不是靠教，必须靠生命自身去形成涵养他们的情感和悟感的底蕴，依靠生命活动去发展自身素质。

儿童的情感和智慧结构的核心部分是人的高级精神活动本能，儿童秉承着人类百万年生命演进的发展成果，具有与成人相去不远的丰富情感和认知能力。懂得这一点，作为教师，我们要全面的相信学生，依靠学生。我们要变成儿童阅读的生命牧者，把羊群带到水草丰美的阅读世界，让他们自由愉悦的阅读。

只有让学生自由轻松地进入作者所营造的宽广世界，学生的心灵不再被恐惧占领，不再被解题思路、分数、目标所挟持，阅读个体才能展开一次自我的心灵旅行。他们敞开每一个毛孔，与每一个文字亲切接触，去嗅见文字世界每一处角落的味道和气息，触摸到它或丰富柔软，或遒劲有力，或温婉绵长，或斩钉截铁地质疑；去感受发现属于他们自己的奇特体验——一种真实、永恒、不受时间限制的东西。他们会急切地想与他人分享自己的发现或进行更深入了的旅行探索。

在这样的阅读世界里，他们生命中蕴含的潜能就会奔涌而出，他们的想象力得到彻底解放，纵情享受汉语之美，进而成长为有独立思想的现代人。周国平说："愈是自然的东西，就愈是属于我生命的本质，愈能牵动我生命的情感"，只有这样的阅读才是有价值的，只有这样的自然成长，才能孕育新的成功。

鸡蛋，从外打破是食物，从内打破是生命。阅读亦如是，以教师的从外打破是扼杀，以学生的从内打破是成长。只有抛弃琐碎的、模式化的阅读分析，让学生在自然、愉悦、放松的状态下阅读，底蕴才会形成，素养才会提升，而我们所要的成绩只是附加值了。

第八节　批判性思维：教学成长的问题考察

美国前驻华大使骆家辉在回答东西方基础教育差别时强调，"美国学生的批判性思维和自我思考能力是值得中国学习的。"[1]我们现在也意识到，批判性思维是中国教育的短板，因此在核心素养中我们聚焦批判质疑。

批判性思维不是一种全盘否定，是一种立足于自我质疑与求证的反省性思维。如何将核心素养的批判性思维转化到语文学科素养，进而落地开花呢？在教学实践中，笔者认为要从以下三方面入手：

一、民主而生发：教学关系的厘定

早在《礼记·学记》中，我们的先人就有关于教与学的精彩论述："教学相长也""学学半"。在这样的教学观中，教与学组成了一个密闭循环的知识流动生长体系。

遗憾的是在历史发展中，教学成了维护封建统治者的工具，教与学的性质发生了变化。师道尊严，一日为师终身为父，在这样的教育背景下，师生之间有着严格的等级制度。教为主动，学为被动，教和学表现出的仅仅是知识的单向流动，二者存在明显的不平等，不均衡。学生唯师命是从，批判创新精神就丧失殆尽了。要想重拾批判精神，改变教与学的关系是首要解决的问题。

理想的师生关系应该是这样的：师生之间源于在人类知识长廊中一次美丽的相遇，从此二者要携手走过这段共有的知识旅程。在这段旅程中他们是伙伴关系；在教学中，他们组成了师生学习共同体。求证已知，探索未知，师生学习共同体紧密地联系在一起；人格

---

[1]歆君.他把更长的时间留给教育 [N]. 科教新报，2013-03-27（4）.

平等独立,师生对已知或未知各抒己见。在敞开心扉的对话中,批判质疑油然而生。于是基于学生质疑的内容成了批判性思维训练的源头活水。

如一次笔者在讲杜甫的《春望》,其中有"烽火连三月,家书抵万金"一句,在讲烽火时笔者拓展到古人在烽火台上通过点狼烟传递军情的内容,并举相关典籍加以证明。这时一位同学举手发言,他说班里正在看名著《狼图腾》,书中说狼粪点燃不是冒浓烟的。他对我的讲解提出疑问,基于学生的质疑,我马上设计了一个跨学科的主题研究性学习活动:"狼烟是四起的吗?"同学们自发组成了历史、语文、生物、实验等研究性小组。

其中实验小组四人利用周末去动物园收集狼粪,周一早晨狼粪被带到了教室。语文课,同学们到操场找一安全处,点火烧狼粪。我们想象的浓烟并未出现,实验小组的同学们都很兴奋。

不过生物小组并不服气,他们认为这是狼粪点得少,有组员介绍去内蒙古旅游曾经见过点狼烟,确实烟雾很大。他们还做了研究,分析论证点狼烟的原因:①大漠柴草较少,不利于作为原材料。②牛羊因为是食草动物,牛羊粪不宜迅速燃烧,与军情紧急,快速通报矛盾。③狼,肉食动物,成群出现,狼粪宜收集且油脂高,易燃烧,是最佳选择……那为什么古人说是点狼粪呢?烽火台到底点的是什么呢?同学们新一轮的质疑、思考、辩论又开始了……

在这一案例中涉及文学与科学,涉及课内与课外,涉及现实与历史,等等,这是传统语文学科所无法承载与容纳的;甚至说,如在传统的教学中,学生就不会质疑,即使大胆质疑也会胎死腹中,在萌芽阶段就会被扼杀掉。质疑源于民主平等的师生关系,基于学生的质疑设计教学内容,不仅大大激发了学生的学习兴趣,更成为批判性思维生长的沃土。可见,确立民主生本的教学关系是激发培养批判性思维的前提保证。

二．理性而深刻：学习内容的有效选择

学习知识是一个输入、消化、吸收、产出的过程。学习内容能够决定思维方式，进而影响学习者对客观世界的判断认识。

现行初中语文教材从阅读文本选择和题目设置上，重视感性而轻视理性，即重视叙事抒情，轻视议论说理。教材所选阅读篇目以经典文学类为主，题目设置以鉴赏品味类为主。这样的"原材料"很难与批判性思维发生直接联系。在写作上也存在重感性轻理性现象。笔者研究了近几年中考发布的优秀考场作文，以及几个有影响力的语文教师习作公众号，其作品多为叙事抒情，鲜见议论说理。

从语文教材选文以及学生、教师的写作倾向，我们看到了批判性思维从理论变为学生核心素养还有很长的一段路要走。

为了使批判性思维真正落地，除老师引起足够重视外，我们可以从文本以及题目设计入手，从源头强化批判性思维培养。在现有统编教材基础上，我们完全可以通过批判性主题学习去解决培养学生批判性思维这个问题。

首先在批判性主题学习文本选择上，要加大思辨性读本的阅读量。

在整本书阅读中，我们可以选择如《活着》《狼图腾》《水浒传》等书，这些文本本身饱受争议，这就是很好的培养批判性思维的文本。在整本书阅读中，我们还可以给学生提供相关的书评，如龙行健的《狼图腾的批判》、张抗抗的《重新解读狼的精神品格》、雷达的《〈狼图腾〉的再评价与文化分析》等，既让学生阅读关于《狼图腾》的正面评论，也让学生阅读其相关的负面评论，这才是全面完整地阅读完一本书。如果说读书是"只缘身在此山中"，那么看相关评论则是"自缘身在最高层"；经过前两个过程，再写出的阅读感悟就有"一览众山小"的感觉了。

在群文阅读中,我们可以选择时评类文章提供给学生,供学生审辨阅读。由于时评类文章多为社会热点。短时爆发,信息量大,是非难辨,令人目不暇接。各种剧情反转事件层出不穷,这时就需要学生用批判性思维甄别孰真孰假,孰对孰错。

如当下疫情暴发,全民抗疫,各种消息带动大众情绪。我们可以设计推送"疫情主题学习——借我一双慧眼"。如针对沸沸扬扬的"风月同天"论战,我们选取胡锡进的《拿"武汉加油"与"风月同天"死磕,往哪头使劲都荒诞》、徐贲的《"奥斯维辛之后,写诗是残忍的",说的是一个什么问题?》、肖畅的《相比"风月同天",我更想听到"武汉加油"》、新浪新闻《既要武汉加油,也需风月同天》……这几篇文章指向同一话题,角度不同,结论不同。这样的主题学习让学生在比较阅读中,审慎思考,不懈质疑,对事物的认识愈发理性深刻;从而实现批判性思维的发展。

其次在批判性主题学习问题设计上,教师要加强批判性思维训练。

对于主题学习材料,教师在学生阅读的基础上,或直接让学生完成批判性的读书笔记,如请把作品中你认为不正确的观点罗列出来并加以说明;或给学生提供思辨性的问题,如你认为《活着》中的福贵到底幸不幸福;在逆境中,我们该何去何从;对于狼,游牧民族和农耕民族为何会有截然不同的认识;作者认为正是由于草原游牧民族的"狼性"不断给中原农耕民族的"羊性"输血,中华文明才得以延续至今。你同意作者的观点吗;《鲁提辖拳打镇关西》到底适不适合选入课本;宋江是不是一位大英雄……这些问题具有较强的开放性,它尊重学生的自主性和独立性,引导学生走向思维纵深处。这样的设计,也许不能提升学生对于经典作品的共识性解读,但是,它会真正提升学生读书能力和核心素养,发展提升学生的批判性思维。

对于部编本教材,我们也可以设计这种开放富有思辨性的问题。

如《济南的冬天》是老舍在《齐大校刊》发表组文《一些印象》中的第五节。在《齐大校刊》发表时,原文还有二段:

"树虽然没有叶儿,鸟儿可并不偷懒,看在日光下张着翅叫的百灵们。山东人是百灵鸟的崇拜者,济南是百灵的国。……

要知后事如何,我自己也不知道。"①

这篇文章,从叶圣陶先生编写的《开明新编国语读本》伊始,到现在已有七十多年的历史了,所有版本的选文均把这两段删掉了。编者删掉的原因是什么呢?这必会激发学生的好奇与思考。课堂上我把这一疑问交给学生来解决,整个课堂气氛活跃了起来。支持删减的同学中,有的同学认为最后一段老舍用诙谐幽默的语气制造一点悬念,引发读者阅读下一节的兴趣;有些同学认为选文作为单篇阅读,加上最后一段则显画蛇添足;也有同学从作品风格的角度去评判,认为最后一段过于随意,与前文淡雅的文风不符;还有些同学认为济南的冬天是温晴的,人们是安适的,百灵鸟会打破这宁静与安详……反对删减的同学中,有同学认为加上百灵鸟很好,动静结合,为冬天的济南演奏了一曲欢快之歌;有的认为写作本身就是一件自由的事情,完全没有必要追求结构上的完整;有的认为要尊重作者的原创,保持作品的原生态……在思维碰撞中,同学对作品的理解走向理性与深刻。

又如《记承天寺夜游》是苏轼小品文的名篇,其疏朗宁静的景物描写,豁达洒脱的心境,历来为人们所称道。笔者在讲此课时发现,目前各版本初中语文教材均选入此篇。在研读其中使用比较广泛的五个版本时发现,《记承天寺夜游》一文,竟然没有两篇是一样的。于是师生就从出处、结构、句读、讹误方面做了仔细地比较分析,得出了自己的判断。这种研究性学习,让学生真切地体验批判性思维

---

① 老舍. 想北平 [M]. 北京: 京华出版社, 2005: 4-6.

落地的物化过程。

三、独特而深入：写作的批判指导

在写作教学中，首先利用生活中的素材，培养学生敏锐的观察力。

新闻每天发生，视角各有不同。我们可以向同学推荐一些有思想深度媒体公号，如《新华视点》《环球时报》《今日平说》《三联生活周刊》《人民日报评论》等。每节课开始前的新闻评论就是很好的批判性写作训练方式。对播报热点事件的选择，要求学生敏锐地观察生活、社会；对新闻事件持有的态度以及评价，反映出学生思考的角度和深度。

如最近青岛的"新冠高架桥"与"新冠病毒"撞衫了，网上热议"新冠高架桥到底改不改名？"学生播完新闻后，采用互不干扰低头举手的方式，现场调查大家对此事的态度。记录好支持与不支持的比例。然后分别从正反双方中选取一人针对己方观点对新闻展开评论。双方评论结束后，播报者再次对本班同学就新闻事件的态度展开新的调查。前后调查结果的变化就是对两位评论者的表现性评价。长此训练，"面对新闻热点事件，我的看法是什么"就会成为一种常态。

微信是大家再熟悉不过的交际方式了。每天大量的资讯充斥期间，我们总在真相与谣言间徘徊，浪费大量时间。前日有一个风靡朋友圈的帖子——《被欺负的植物实验》。实验的内容为两株植物在同样实验环境下，三十天后被辱骂的植物枯萎死掉，被赏识鼓励的植物愈发的生机勃勃。这篇文章主要是告诫人们停止对孩子的语言暴力。

可是两盆花真的会发生不一样的变化吗？这就是一个很值得怀疑的地方，通过思考查证，这种现象是有悖于科学的。这则帖子传递正能量是值得赞赏的，但是以伪科学的方式传递正能量会导致更大的恶果,它会让孩子误解科学实验,与我们的教育目的背道而驰。我们可就此选材去扒一扒朋友圈那些"让伪科学穿上正能量外衣的帖子"。通过这样的主题写作训练,培养学生养成洞悉社会习惯,敏锐捕捉到事物的本质。

其次,要对批判性作文写作方法进行必要指导。

教师要将驳论文以及时评类写作引入到课堂写作教学中来。教师要选取典型的写作材料作为写作范例,进行写作方法的总结提升。经典的驳论文我们可以选如鲁迅的《中国人失掉自信力了吗》《拿来主义》《友邦惊诧论》等,这样的经典文章,论证思路清晰,语言简洁有力,具有很好的写作指导意义。

同时,为拉近作品与学生的距离,我们也可以选择当下的热点时文进行写作训练。如最近胡锡进写的《活在自己江湖里的六神磊磊,却要中国去真实世界里背锅》一文,批驳微信当红写手"六神磊磊"《假如你家漏水淹了楼下地板》一文。整篇文章,让人感觉不急不躁,幽默诙谐,深明大义,对"六神磊磊关于疫情的错误论调,有理有据逐一反驳。训练中,我们可以先阅读被批驳的文章《假如你家漏水淹了楼下地板》,让学生谈对文章的评论,写出自己的评论思路。然后再阅读胡锡进的文章,理清其思路,并与自己的思路做比较。分析出优劣点。以此训练学生独特深刻的写作能力。

通过以上思维方式以及写作方法上的训练,学生的作文逐渐就会告别"无病呻吟""假大空"现象,进而变得独特而深刻。如果能坚持长期训练,必定会使同学们透过现象看清事物本质,学会客观理性思考,条理清晰地表达观点,这必将为培养其独立人格,为未来走向社会,打下坚实的写作基础。

第九节　教材单元视域下的初中整本书阅读突围

——以统编教材九上《水浒传》为例

【摘要】针对整本书阅读存在阅读目标随意、效能低下、阅读时间无法保证等问题，本文力图通过整本书与大单元一体化教学解决上述问题。在具体实践中，以统编教材九年级上册第四五六单元以及《水浒传》为例，从教学目标共享、阅读整体规划、探究任务设计、教学实施转化四个路径阐释。

【关键词】目标共享　整体规划　任务设计　实施转化

整本书阅读历史由来已久，但在长期教学实践中，整本书阅读存在目标随意，时间不充分，内容碎片化、肤浅化，效能低下等问题。整本书阅读日益被边缘化，学生的整体性长阅读越来越难。究其原因一是整本书三年一体化的阅读目标系统性不强，缺乏梯度；二是教材与整本书虽同为课程内容，但在教学中，二者长期处于割裂局面，导致整本书阅读效能低下，短期内无法提高学生语文成绩；三是在"双减"背景下学生阅读时间无法保证。

统编初中语文教材共计 36 个单元，其中每学期设置 6 个单元，在期中、期末阶段各阅读 1 部名著。在编写理念上，统编教材突出"双线组元""三位一体"的特点。单元作为教学的基本单位，每一单元围绕一个人文主题设置，能够实现单元内部的结构化和整体性。单元与单元之间具有内在的关联，能够实现教学的序列化。这为大单元视域下的整本书系统化、序列化阅读提供了根本遵循和有效载体。其主要路径有四，即教学目标共享、阅读整体规划、探究任务设计、教学实施转化四个方面。本文以九年级上册四五六单元及对应书目《水浒传》为例，阐释教材单元视域下的整本书阅读。

一、教学目标共享

教学目标是教学的起点与归宿，也是学生学习的起点与归宿。语文学科目标由教材单元目标螺旋上升构成，整本书阅读目标依托教材单元教学目标确定，能够保证初中阶段 12 部名著总目标的科学性和单册阅读目标的梯度，实现整本书系统化阅读。

本文中的大单元主要是指整本书在期中、期末阅读阶段中对应的三个单元总和。大单元教学目标在单元整体教学要素中处于统领与核心地位，是单元整体教学的逻辑起点和实践基础。"目标才是单元整体教学的首要问题，这也是'整体'的内涵，'整体'是一种思维方式，意味着教师在教学活动中必须从教学目标出发，统揽全局。"[1]大单元教学目标要充分考虑统编教材、语文课程标准以及学情因素，主要通过对单元目标的理解重构来确定。如九年级上册第四、六单元为现当代、古典白话小说单元，第五单元为议论文单元。三个单元对应的写作训练分别是"缩写""论证要合理""改写"，口语交际训练点是"讨论"。

通过对教材四五六单元"人文主题""语文要素"目标整合，我们形成以下大单元教学目标：

目标 1. 梳理情节。

目标 2. 能从多角度分析人物形象，探讨人物性格形成原因。

目标 3. 能够联系背景、结合自己人生体验，理解小说主题。

目标 4. 了解古代白话小说艺术特点。

目标 5. 掌握议论文要素，论证要合理。

目标 6. 学会缩写、改写。

目标 7. 能够组织讨论。

目标 8. 独立思考，提高思辨力，加深、增进对社会和人生的理解。

从《义务教育语文课程标准（2022 年版）》核心素养维度审视以上目标，"文化自信"可结合"理解小说主题"以及人物形象的多样性,体悟中华传统文化中忠义、自强、互助等美德,促进中国传统文化的继承发扬。"语言建构"主要积累梳理情节方法,学会缩写、改写和议论文写作。"思维发展"主要通过目标中"人物性格形成原因""论证要合理""提高思辨力""组织讨论"等,发展提升学生逻辑思维、审辨思维和创造思维能力。"审美鉴赏"主要从"古代白话小说艺术特点",引导学生鉴赏发现文学作品的艺术美、语言美、人情美等。

九年级学生有了一定的人生阅历,已经具备了基本阅读、写作能力,如"梳理情节""分析人物形象""缩写、改写"等,在七、八年级甚至是小学阶段已经开始涉猎训练。大单元中"探讨人物性格形成原因""论证要合理""提高思辨力"在前期的教学中出现很少,这些能力与学生未来的生活关系密切,在教学中需要重点突破。

基于以上对教材、课标、学情的分析,我们从阅读、写作、能力三个方面确定大单元教学目标,具体如下:

阅读目标	1. 熟练运用多种方式梳理情节,能从多角度分析人物形象
	2. 重点掌握综合运用时代、社会、家庭以及人生经历因素,探讨人物性格形成原因
	3. 能够联系背景、结合自己人生体验,理解、评价小说主题
	4. 了解古代白话小说艺术特点,感受其中的艺术美、语言美、人情美
写作目标	1. 能够缩写、改写相关事件
	2. 重点掌握议论文写法,会写议论文
能力目标	1. 能够围绕主题,基于理解、理性、包容、互助等组织讨论
	2. 运用审辨性思维,独立思考。加深、增进对社会和人生的理解

大单元教学目标是整本书阅读目标的前提基础。大单元目标确定后,整本书阅读目标通过与大单元目标关联、整合、融合,形成具体的整本书阅读目标。如《水浒传》整本书具体阅读目标如下:

目标		大单元		《水浒传》
阅读目标		1. 熟练运用多种方式梳理情节,能从多角度分析人物形象	基础阅读	1. 以相关人物和事件为专题,梳理"先分后合"的链式结构
				2. 运用人物比较方法,分析"鲁智深、李逵"、"武松、林冲""宋江、晁盖"人物形象
		2. 重点掌握综合运用时代、社会、家庭以及人生经历因素,探讨人物性格形成原因	探究阅读	3. 结合林冲、杨志的人生经历,探究其性格形成原因
		3. 能够联系背景、结合自己人生体验,理解、评价小说主题		4. 梳理好汉上梁山方式,反思、评价"官逼民反"主题
		4. 了解古代白话小说艺术特点,感受其中的艺术美、语言美、人情美	拓展阅读	5. 选读《贯华堂第五才子书水浒传》,感受《水浒传》叙事、文字、写法精妙之处
写作目标		1. 能够缩写、改写相关事件	转化阅读	注:运用缩写、改写梳理事件(目标1)
		2. 重点掌握议论文写法,会写议论文		6. 格局决定结局——以《水浒传》山头文化为例写一篇议论文
能力目标		1. 能够围绕主题,基于理解、理性、包容、互助等组织讨论		7. 围绕"该不该招安"组织召开讨论会
		2. 运用审辨性思维,独立思考。加深、增进对社会和人生的理解		8. 请以"《水浒传》是否适合中学生阅读"为辩题,举行辩论会

其中阅读、写作和能力目标并无绝对界限,有时交织在一起。如阅读目标"反思、评价'官逼民反'主题",这一阅读目标就与议论文写作目标、提高思辨力的能力目标交织在一起。

二、阅读整体规划

"阅读整本书,学生要用大段大段的时间体验一种庄重的悠闲。自然阅读安静悠闲,隐含其中的认识过程则是严密庄重的"。[2] 如果整本书阅读时间过长,甚至贯穿半个学期,势必会影响阅读效果。

《义务教育语文课程标准（2022 年版）》中指出，"语文课程内容主要以学习任务群组织与呈现"[3]。其中整本书阅读属于拓展型任务群。这为整本书作为独立教学单元在学期中安排时间集中完成提供了依据。我们根据书目篇幅的长度集中在一两周时间阅读研讨。在阅读实施中，我们按照基础阅读、探究阅读、拓展阅读和转化阅读的顺序，由作品的情节、形象、主题，到自我建构转化运用，循序渐进，走向深度阅读。

整本书在与大单元融合过程中，不要忽视了整本书阅读的整体性，否则整本书阅读又将走向碎片化阅读。整本书阅读规划要体现一个"整"字。"关注'整'，自然就要关注作者的立场与视角、作品的核心与主旨、文本的倾向与基调等总体性范畴"[4]，同时也要关注阅读者的身心状况。整本书主题多元，作为阅读主体青少年，他们正处于身心发展重要阶段，此时他们还没有形成自己的人生观、世界观和价值观，他们对客观世界的判断还更多的依赖感性。当然从另一个角度看，他们可塑性非常强。在尊重学生认知与接受水准的基础上，我们以成长价值为核心，以"主题为统领"，设置"结构化的议题"，统"整"整本书阅读。"所谓议题，就是需要辨析与判断的命题；'结构化'指的是议题之间的逻辑关联"[5]。"结构化议题"为发现与思考提供阅读支架与路径，启发学生认识世界的丰富多彩，为树立正确三观奠基。"主题引领，议题推进"，可以保证整本书阅读的整体性和成长价值的引领性。

如《水浒传》，针对九年级学生的身心特点和作品内容，我们设置的阅读主题是"选择与坚守"，包括"选择人生""坚守忠义"两个话题。在"选择人生"中设置三个逻辑关联密切的议题："主动选择：时势造英雄吗""被动选择：偶然之后藏着必然吗""如何选择：我命由我不由天吗"。在"坚守忠义"中包括"侠义江湖：英雄还是好汉"和"忠君报国：反叛还是忠义"两个历来纷争不休的议题。

在对相关议题探究中，我们将整本书具体的教学目标融入议题之中，这样既保证了整本书阅读的整体性，又保证了与大单元教学目标的一致性。如《水浒传》阅读，在"选择人生"议题中，主要解决教学目标中的基础阅读和探究阅读。在"坚守忠义"议题中，主要解决拓展阅读和转化阅读。

三、探究任务设计

有了阅读目标、规划后，我们就要选择适合的版本、阅读内容。整本书内容繁多，在有限阅读时间内，学生不可能面面读到。教师要基于教学目标、阅读主题以及情节连贯性，选择典型的阅读内容。如《水浒传》百回本中，我们选取"鲁林十回、智取生辰纲十回、武十回、宋十回、替天行道、诏安梦断"六个前后关联专题事件作为阅读内容。这些事件典型，人物形象鲜明，能承载阅读目标的相关要求。

整本书与大单元一体化教学中还要保持整本书的阅读价值，防止整本书价值被大单元同化现象发生。山东师范大学潘庆玉教授在《开展群文阅读教学应答好"四问"》提出，整本书与群文、单篇的价值分别在于探究性阅读、互文性阅读、基础性阅读。[6] 探究性阅读是整本书阅读价值的主要特征，其中探究性问题动力十足、多元开放，驱动阅读者深入阅读，系统思考，自我建构。如"鲁林十回"中，我们设置以下探究任务单：

1. 画出鲁智深落草的人生轨迹图。

2. 结合林冲人生经历，完成林冲"申诉状"。

3. 如果鲁智深和林冲是你的同学，你愿意与哪一位成为好朋友？请说明你的理由。

4. 有人说"我命由我不由天"，鲁林二人的人生掌握在他们自己手里吗？请根据你的理解说明理由。

5. 阅读毕飞宇《"走"与"走"——小说内部的逻辑与反逻辑》[7]

一文，请从本专题阅读中，再选取一例分析施耐庵强大的逻辑能力。

以上探究性任务中，任务 1、2 是通过多种方式梳理情节，任务 3 是人物形象分析与比较，任务 4 是关于人物性格成因和作品主题的思索，任务 5 是关于古典白话小说艺术特点鉴赏。在探究性任务设置中还要注意以下几点：

一是探究性问题设置要难易适中。只有阅读者认知水平与问题挑战之间达到平衡，阅读者才会全神贯注投入，实现深度阅读。如在探究"智取生辰纲"一节时，要求学生模拟不同身份的媒体人将此事件写成一篇新闻报道。这一问题立足学生已有的认知新闻写作，紧扣整本书"能从多角度分析人物形象""缩写"的阅读目标，兼具变换叙事视角的挑战性，能够激发兴趣，引发深度阅读思考。如第五单元写作训练"论证要合理"。我们首先结合山头文化理念（朱武：四海之内皆兄弟也。王伦：大称分金银，大碗吃酒肉。宋江：替天行道，忠义双全）提出"格局决定结局"的论题；其次要求学生从《水浒传》的山头文化中寻找材料支撑观点；再选择恰当论证方法，把这些材料按照一定逻辑顺序组织起来形成文章。这种求证推理类型问题极大激发学生阅读兴趣，促使学生深入阅读整本书，实现整本书由读到写的转化输出。

二是探究性问题还要具有情境化和思辨性特点。情境认知理论认为知识是蕴含于情境之中的，学习的设计要以学习者为主体，通过参与实践促成学习和理解。如"如果你是梁山好汉，你支持宋江和晁盖谁做头领呢"，这一问题旨在创设真实情景"你是梁山好汉"，打通读者与作品时空距离，让读者运用阅读知识，在复杂情节中去多维思考比较：晁盖、宋江的性格优缺点，头领对梁山发展前景的影响，自身优势与劣势……这样在不同角色情境中会产生新的碰撞与交流，释放作品潜能，促进阅读活动持续深入发展。

三是探究性任务要兼顾作品的特质。统编初中语文教材所选 12

部作品各具特色,在选材上有科幻作品、纪实作品、文学作品等,在风格上有现实主义、浪漫主义,在形式上有散文集、诗歌、文论等。学生阅读每一部作品,都应力求凸显作品特征,以期实现读一部通一类、培养终身阅读者目标。如《水浒传》是古典白话长篇小说,文白夹杂的语言特点、散韵结合的句式特征、回环勾连的篇章结构等,闪耀着中国古典文学的光辉。这些特质需要我们在探究性问题设置中加以体现。

四、教学实施转化

整本书与大单元作为阶段性语文课程内容,互为补充,互为依存。在教学实践中,二者内容适时转化,互为所用,相得益彰,实现教学内容一体化。如将整本书内容与单元教学的主题、阅读、写作等深度融合,在单元教学中推进整本书阅读。同理,将单元知识技能转化运用到整本书阅读实践中,在整本书阅读中加深对知识理解运用。如九上四、五、六大单元中"探究人物性格形成原因"这一教学目标。人物性格形成原因需要一个漫长的发展过程,受篇幅所限,作为单篇阅读,落实此目标有一定的难度,但是整本书对此就有得天独厚的优势。在探究杨志性格形成原因的任务中,我们依托《智取生辰纲》单篇课文,结合《水浒传》中有关杨志章回,如设计下列任务:杨志作为一个屡被差评的"快递小哥",虽然偶尔也有小的侥幸,但最终都未能时来运转。请你说说在"快递行业"杨志从"失意"到"得志",再到"幻灭"的全过程。

学生梳理相关章节得知,将门后代是杨志一生引以为豪的事情,但也成了他的人生羁绊。光宗耀祖、东山再起是杨志在多舛人生中毅然前行的动力。但是造化弄人,丢失花石纲。他本以为人生到了谷底,但一道赦免谕旨又燃起了将门后代的希望。于是变卖家产,筹钱打点,他幻想着官复原职。只可惜散尽钱财,他终得到的是高太尉的一顿臭骂。身无分文，变卖祖传宝刀，他已经被现实摧残得丢掉了将门之后最后的尊严，却不料还要受到泼皮牛二的侮辱。即使怒杀牛二，他还保留着对朝廷侥幸和对将门的渴望，投案自首，发配东京。东京比武是他一生难得的高光时刻，梁中书的赏识，重燃光宗耀祖的希望。押送生辰纲，成功几乎近在咫尺，但天暗星偏偏遇到了智多星，黄泥冈上丢失生辰纲，让他彻底绝望，最终落草二龙山。

通过对杨志人生的梳理，学生很容易理解杨志郁郁寡欢、隐忍性格的成因，进而理解人物性格形成与家族背景、时代社会、自身经历、关键人物等密切相关。通过这样的转化，学生在整本书阅读中，理解掌握了大单元的教学目标。

在转化过程中，因教学内容实现重组再造，既节约课时，为整本书阅读争取了宝贵的课上时间，又大大提高了课堂效率。如九上第四单元写作训练是"缩写"。日常教学中，我们需要一课时进行专题训练，但如果我们把整本书相关情节转化为"缩写"训练材料，就会取得事半功倍的效果。

在教学实施中，教师用一课时解决了以往需要两课时甚至三课时的教学内容，提高了课堂效率。

教材单元视域下的整本书阅读改变以往整本书与单元教学割裂现状。在教学目标上，二者一脉相承，目标一致；在教学内容上，二者互为补充，相辅相成；在教学实施中，二者相互转化，深度融合。教材单元视域下的整本书阅读实现了整本书序列化阅读，保证了整本书阅读时间，提高了整本书阅读效能，具有重要的现实意义。

参考文献：

[1]刘徽."大概念"视角下的单元整体教学构型：兼论素养导向的课堂变革[J].教育研究,2020（6）:64-77.

[2]吴欣歆.阅读整本书,整体提升语文学科核心素养[J].中学语文教学,2017(01):11-14.

[3]中华人民共和国教育部.义务教育语文课程标准(2022年版)[S].北京：北京师范大学出版社.2022:19.

[4]余党绪.整本书阅读还得在"整"字上下功夫[N].中华读书报,2020-9-16(10).

[5]余党绪.整本书阅读教学中的母题、议题、问题：思辨需要方向、框架与抓手[J].语文学习,2018(09):10-15.

[6]潘庆玉.开展群文阅读教学应答好"四问"[N].中国教育报,2020-10-10（07）.

[7]毕飞宇.小说课[M].北京.人民文学出版社,2016:27-51.

第五章

实践之路

—— 整本书阅读的案例设计

第一节　激趣导读课——以《骆驼祥子》为例

搭建时代舞台,体味百态人生
——《骆驼祥子》起始课

👤 教学目标

1. 激发阅读小说兴趣。
2. 了解作品写作背景。
3. 感受底层人物艰辛。

👤 教学过程

一、学吆喝，看世态

设计意图:通过广告激发兴趣导入,通过萧乾《吆喝》再现老北京的风貌,进而了解《骆驼祥子》的社会背景。

(一)说广告，引吆喝

相声中有一个段子叫广告插播电视剧,你知道这个梗吗?（学生列举。补充隐性广告）

其实还有一种物美价廉的广告就是吆喝。大家看一段视频。（吆喝视频）

你回顾一下视频里的商贩都卖什么产品呢?作家萧乾根据这些叫卖声写了一篇文章叫《吆喝》。

（二）赏《吆喝》，悟世情

1.欣赏萧乾《吆喝》片段，回答问题。

我小时候，一年四季不论刮风下雨，胡同里从早到晚叫卖声没个停。

大清早： 从吆喝来说，我更喜欢卖硬面饽饽的：声音厚实，词儿朴素，就一声"硬面——饽饽"，光宣布卖的是什么，一点也不吹嘘什么。

夜晚： 至今我还记得一个乞丐叫得多么凄厉动人。他几乎全部用颤音。先挑高了嗓子喊"行好的——老爷——太（哎）太"，过好一会儿，（好像饿得接不上气儿啦）才接下去用低音喊："有那剩饭——剩菜——赏我点儿吃吧！"

四季： 秋天该卖"树熟的秋海棠"了。卖柿子的吆喝有简繁两种。简的只一声"喝了蜜的大柿子"……一到冬天，"葫芦儿——刚蘸得"就出场了。

问题：当时北京城人们生活状况如何？（明确：风土人情、底层人民的艰辛）

二、讨生活，猜情节

设计意图：模拟职业体验，感受百味人生。猜测情节发展，感受人物形象。

（一）选职业，感受百味人生

如果你是那个时代，一个进城的打工者，你打算从事什么职业？说说你的计划。预测一下你可能面临哪些困难？（学生交流补充）

（二）做车夫，体味活命艰难

小组合作，情景再现人力车夫工作场景。

1.完成剧本构思。

提示：

（1）剧情简介：时间、地点、顺境、逆境……

（2）角色分工：车夫、乘客、商贩……

（3）剧情：对白以及旁白……

2．学生表演，评委打分点评。

评分标准：

剧本创作35分	表演30分	语言15分	演出效果20分	总分
主题鲜明，结构完整，情节流畅	性格鲜明，情感投入，形态协调	语言清晰，符合人物性格	观众共鸣，有感染力	

三、透现象，悟本质

那个时代，底层人民为什么那么艰辛？（同学们畅谈自己的见解）

（预设：①战乱；②经济落后；③闭关锁国；④八旗子弟；⑤自身原因……）

四、教师总结

同学们，本节课我们了解了旧北京的风土人情，感受到了百态人生，作了一次人力车夫…… 你还想具体了解旧北京的社会状况吗？我们对人力车夫的感受把握到底准不准确？真正的人力车夫还会经历哪些事情？……这些谜团都会在一部伟大的作品中揭晓，他就是人民艺术家老舍先生的《骆驼祥子》，接下来的四周时间里，就让我们与祥子一起逛逛老北京城吧！

第二节 情节梳理课——以《水浒传》为例

一、思维导图任务单

（一）链式结构——殊途同归聚梁山

《水浒传》结构特点鲜明，作者采用先分后合的链式结构。前四十回先讲述单个英雄人物故事，每一人物故事具有相对的独立性，然后百川汇海，指向共同的归宿——梁山。第七十回以后，写梁山聚义，替天行道，归顺朝廷，水浒梦断。这样的结构安排使小说环环相扣，线索分明。下面的情节发展进程图一目了然地再现了《水浒》的链式结构。

请按照出场顺序把主要好汉的名字填入到情节发展进程图中。

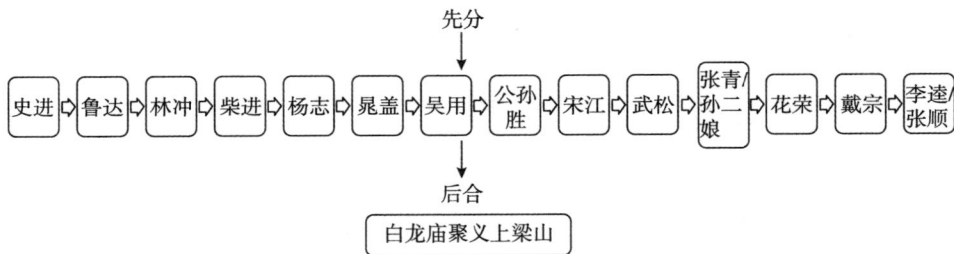

先分

史进 ▷ 鲁达 ▷ 林冲 ▷ 柴进 ▷ 杨志 ▷ 晁盖 ▷ 吴用 ▷ 公孙胜 ▷ 宋江 ▷ 武松 ▷ 张青/孙二娘 ▷ 花荣 ▷ 戴宗 ▷ 李逵/张顺

后合

白龙庙聚义上梁山

图1 《水浒传》结构示意图

（二）众生亮相——江湖也问出处

古人讲英雄不问出处，相逢即是缘分。为了便于我们了解、熟识书中这些传神的人物（正面、反面），我们也需要探寻一下他们的出处。在阅读中，我们可采用一定分类标准，对书中人物进行归类，为他们集体画像。

请你根据以下分类标准提示，完成思维导图填写。

1．人物出身

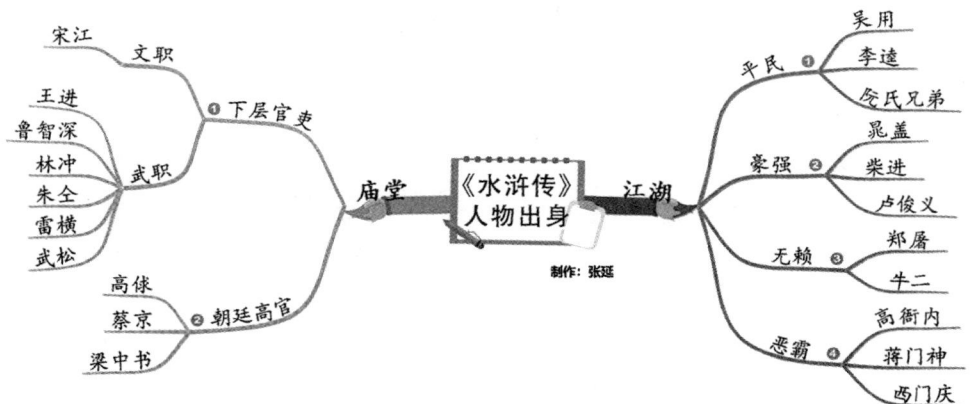

图2　人物出身

2．绰号分类

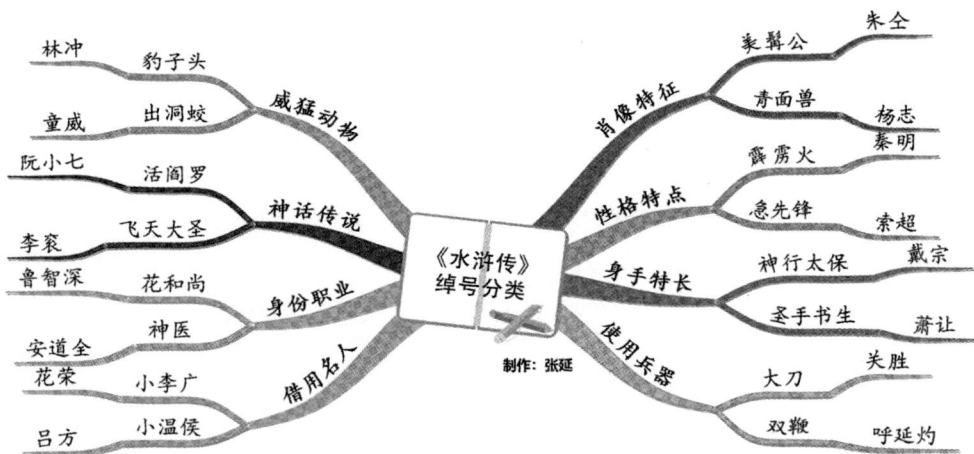

图3　绰号分类

3. 上山方式

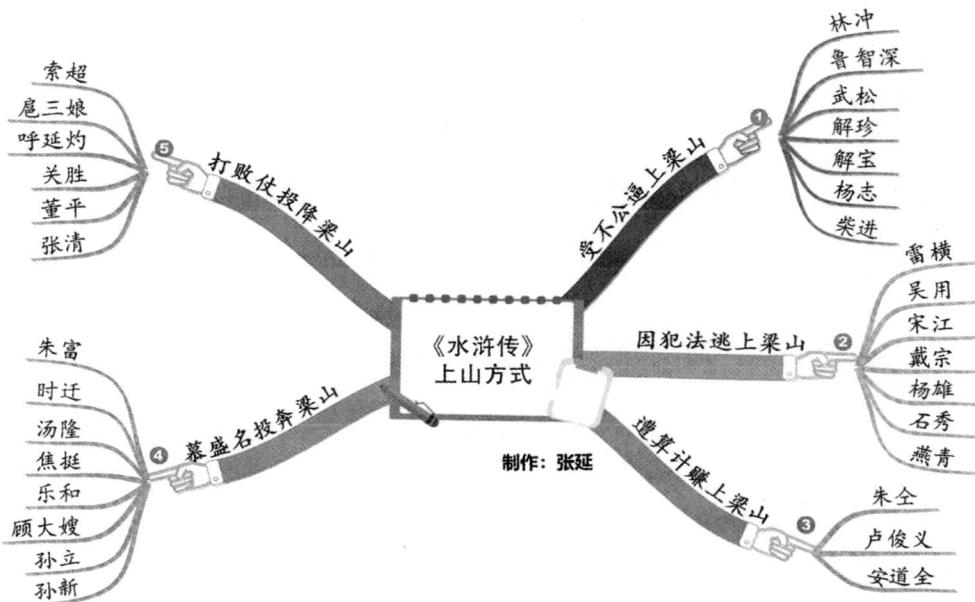

图4 上山方式

4. 你还有怎样的分类标准呢？把它写（画）出来，与同学们分享

例如以"山头"势力分类。其中有以宋江为首的"梁山派"；以鲁智深、杨志、武松为首的"三山派"；孙立的"登州帮"；史进的"少华"派……

（三）团体群像——山头林立

（1）《水浒传》中不仅有像史进、林冲这样的独行侠，还有以十二座山头为代表的一些小团体。这些山头都在哪里呢？他们的头领有哪些？这些小团体做过哪些事呢？这是一个值得探究的有趣问题。

请你尝试手绘出十二座山头地图，并在图示中标注出主要山头好汉的名字和发生的典型事件。

【参考示例】

图5　山头示意图

助读资料：

山头	好　汉	出现回目及典型事件
少华山（华州）	史进、朱武、陈达、杨春	2. 九纹龙大闹史家村。　58.鲁智深义救史进
桃花山（青州）	李忠、周通	5. 大闹桃花村。58.三山聚义打青州
梁山（济州）	王伦、杜迁、朱贵、宋万	11. 林冲雪夜上梁山。　19. 火并王伦
二龙山（青州）	鲁智深、杨志、武松、施恩、曹正、张青、孙二娘	17. 二龙山落草。　　　　58.三山聚义打青州
清风山（青州）	燕顺、王英、郑天寿、黄信、秦明、花荣	32. 锦毛虎义释宋江。34. 燕顺等人劫囚车救宋江、花荣
对影山（在青州和济州路上）	吕方、郭盛	35. 花荣宋江投梁山途中入伙
黄门山（在江州回济州路上）	欧鹏、蒋敬、马麟、陶宗旺	41. 江州劫法场后,回梁山路上收留
饮马川（蓟州）	邓飞、孟康、裴宣	44. 锦豹子（杨林）小径逢戴宗
登云山（登州）	邹渊、邹润	49. 救解珍解宝。　50.三打祝家庄

续表

山头	好汉	出现回目及典型事件
白虎山（青州）	孔明、孔亮	58.三山聚义打青州
芒砀山（徐州）	樊瑞、项充、李衮	60.公孙胜芒砀山降魔
枯树山（寇州）	鲍旭	67.李逵焦挺战水火二将

（2）若不是"三山聚义打青州"而是"三山聚义打梁山"，又将谁胜谁负呢？

①我们先来比较一下双方主力战将的实力。请把你的探究结果填在下列表格中。

【参考示例】

主将		性 格			胜负结论
		相同点	不同点	印证事例（不同点）	
武将	鲁智深、李逵	疾恶如仇、侠肝义胆、脾气火暴	鲁智深：粗中有细 豁达明理	拳打镇关西	三山"胜
			李逵：头脑简单、直爽率真	李逵劫法场	
	武松、林冲	武艺高强、有勇有谋	武松：有恩必报、有仇必复	斗杀西门庆、血溅鸳鸯楼。（快意恩仇）	势均力敌
			林冲：安分守己、循规蹈矩	林教头风雪山神庙，被逼上梁山	

【参考示例】

a.从人际关系来看：武松与宋江拜把兄弟；白虎山的孔明、孔亮是宋江的徒弟；鲁智深与林冲是生死之交；曹正是林冲的徒弟……这个假设根本就不成立。（和平相处）

b.从文将比较看：梁山有智多星吴用，三山中无军师。（梁山胜）

c.从作战方式看：三山都是陆地将领，作战形式单一。梁山不仅有水陆将领，还有马上将领。（梁山胜）

d.从作战经验看：梁山经过了三打祝家庄等大型集团化战役，三山没有经历过大型战斗。（梁山胜）

e.从主题上看：崇尚忠义的好汉是不会做出这种事情的。

（四）人物新解——制作《水浒叶子》

"叶子"是一种可行酒令的纸牌。《水浒叶子》是陈洪绶（1599—1652）二十八岁时的作品。当时，他为了接济生活困顿的朋友周孔嘉，用四个月时间创作出了四十幅水浒人物画，周卖出后得以养家。后来收藏家将其刻板印刷。

每叶上标有水浒英雄的绰号和姓名及赞语，并在图的正上方标有钱数。

请你参照右图示例，为你喜欢的好汉制作新的《水浒叶子》。要求重新拟写绰号和赞语，并对拟写绰号做简要说明。

图7　《水浒叶子》

【参考示例】

图8　新《水浒叶子》

（五）情节掠影——评选新闻事件（全书情节梳理）

《水浒传》故事精彩纷呈，情节跌宕起伏。如果我们用新闻的视角来评选《水浒传》中的五大新闻事件，哪些事件能入选呢？请申明你的理由。

※ **友情提示**：新闻事件的选取，可考虑以下因素。

①事件发生在主要人物身上。

②事件对小说的情节走势或人物形象产生重大影响。

③事件凸显小说的主题。

④……

【参考示例】（答案不唯一）

事 件	影响力（入选理由）	星 值
林冲雪夜上梁山	林冲性格命运的转折点／凸显"官逼民反"主题	☆☆☆☆☆
智取生辰纲	连锁反应：夺取二龙山／血染石碣村／火并王伦／怒杀阎婆惜	☆☆☆☆
晁天王曾头市中箭	梁山进入到宋江时代，从"聚义厅"到"忠义堂"时代	☆☆☆
三山聚义，众虎归心	梁山最大规模一次好汉入伙，梁山进入到鼎盛时期	☆☆☆☆
宋江接受招安	梁山泊施政纲领发生转折，从"江湖"走向"庙堂"	☆☆☆☆☆

（六）史海钩沉——版本之争（指向庙堂之后的情节）

假期，邻居家的叔叔准备给九年级的孩子买一本《水浒传》，他对于购买哪种版本产生了困惑。请你向他介绍一下《水浒传》的版本，并推荐购买其中的一种版本。

【参考示例】

您好叔叔，我们常见的《水浒传》共有三个版本。其中100回本是以《李卓吾先生批评忠义水浒传》为底本成书。120回本是明袁无涯刊本《水浒全传》，除了百回本所有回目外，还插入田虎、王庆章节。70回本是明末金圣叹评本,又称《贯华堂第五才子书水浒传》。此本回目,删除了120回本中71回大聚义以后所有章节,并加上了"惊噩梦"的情节。后人称其为"腰斩本"。

"腰斩本"故事的核心是"快意恩仇""替天行道",是典型的武侠小说。情节曲折紧凑,故事性强,不过思想性逊色一些。

其他两个版本故事的核心是"反贪官不反皇帝",引人深思的是"宋江等人的悲剧是如何产生的",反映的是当时典型的社会矛盾问题。这两种版本既有"腰斩本"的曲折情节,又能反映当时的社会现状。又因为您的孩子读初三,学习的时间比较紧,所以我建议您选百回本。

【资料助读】《水浒传》版本简介

(1)100回本:选自明容与堂本,是以《李卓吾先生批评忠义水浒传》杭州容与堂刻本为底本整理成书,为现存最早百回繁本。

(2)120回本:即明袁无涯刊本《水浒全传》,120回本基本包含容与堂百回本所有回目。从第九十回起,插入田虎、王庆章节。

(3)70回本:即明末金圣叹评本,又称《贯华堂第五才子书水浒传》。此本回目,基本上与袁无涯本(120回本)前71回一致,一般认为是从袁无涯本删去71回大聚义以后所有章节,并加上了"惊噩梦"(卢俊义梦见梁山头领全部被捕杀)的情节。只因这一腰斩,加上他评点此书所持的奇谈怪论,金圣叹遂成一时风流,声满天下。有人说金圣叹"腰斩本"删除冗弱,仅存精华。也有人说《水浒传》腰斩之后,写的是武侠;腰斩之前,写的是社会。

二、人物专题课

鲁智深：两只侠义手，一颗慈悲心

阅读回目：

第二回　　史大郎夜走华阴县　　鲁提辖拳打镇关西

第三回　　赵员外重修文殊院　　鲁智深大闹五台山

第四回　　小霸王醉入销金帐　　花和尚大闹桃花村

第五回　　九纹龙剪径赤松林　　鲁智深火烧瓦官寺

第六回　　花和尚倒拔垂杨柳　　豹子头误入白虎堂

第七回　　林教头刺配沧州道　　鲁智深大闹野猪林

第十六回　花和尚单打二龙山　　青面兽双夺宝珠寺

（一）筛选与整合：纵览情节主线

1. 速读五十八、五十九回目，参照其他九个回目的特点，以鲁智深为主人公，拟写回目。

如：第五十八回"鲁智深助打青州，众兄弟同归水泊"

第五十九回"智深救人陷囹圄，宋江率兵闹华山"

2. 根据回目的特点，筛选和概括鲁智深在以下地点的主要事件。

渭州：<u>救金翠莲，打镇关西</u>。

桃花村：<u>救刘小姐，打小霸王</u>。

瓦罐寺：<u>救众僧侣，杀两强贼</u>。

相国寺：<u>义救豹子头，落草二龙山</u>。

华州：<u>救九纹龙，陷死囚牢</u>。

3. 赠给鲁智深的四句"偈子"（佛教中的唱词）——遇林而起，遇山而富，遇州而迁，遇江而止——有何深意？

（二）审辨和探究：识得人物形象

1. 金圣叹曾这样评价鲁智深：遇酒便吃，遇事便做，遇弱便扶，遇硬便打。

（1）补写。

金圣叹说的"四遇"并不全对，比如"遇酒便吃"，鲁智深在大是大非面前不吃酒，在兄弟受苦受难之时不吃酒，说明他虽率性鲁莽，却很有分寸。

参考：已经饿了几天肚子的鲁智深在瓦罐寺面对丘小乙的邀请没有吃；在华州，他说"史家兄弟不在这里，酒是一滴不吃"；还有林冲被押往沧州途中，鲁智深一路追随保护，也是滴酒未吃。

再看"遇事便做"。金圣叹所说的"事"是不平之事。鲁智深一生的精彩华章就是路见不平拔刀相助。救金老父女，可以拿条凳子，坐上四个小时，对性急鲁莽之人何等不易。救下林冲后，他说："_____"做事何等坚决彻底。当听到史进有难，_____，又是何等的勇气和气魄。

参考：杀人须见血，救人须救彻。洒家放你不下，直送兄弟到沧州。一刻也不愿等，一把戒刀，一条禅杖，直奔华州府。虽千万人吾往矣。

（2）请仿照以上两段表述方式，发表一下你对"遇弱便扶，遇硬便打"的看法。

2．鲁智深是小说开篇细细描述的人物，请你结合他所经历的大事小情，站在不同人物的立场上，用一句话评价你眼中的鲁智深。

人物	评　价
史进	
郑屠	
店小二	
金老	
赵员外	
智真长老	
周通	
泼皮	
林冲	

（三）反思与评价：对人物进行理性判断

宋江是"天魁星"，"魁"意为首，居第一位的，很贴合宋江在梁山的地位。吴用是"天机星"，"机"意为机敏、机智，也适合吴用军师的身份。鲁智深的尊号为"天孤星"，结合情节谈谈"孤"在鲁智深身上是如何体现的？

参考：孤是"单独、孤独"之意。鲁智深在大部分时间里扮演的是"孤胆英雄"的角色。在渭州，独自挑战镇关西；在桃花村，一人挑战整座桃花山的山贼；在瓦罐寺，一人强打崔道成和丘小乙；在野猪林，又是单身救下林冲……另外，他在精神层面也是"曲高和寡"的。梁山好汉大多豪爽、粗鲁、勇猛，做过杀人劫舍的勾当，而鲁智深豪爽中有柔情，粗鲁中有机警，勇猛中有谋略，一生没做过伤天害理之事，这在一群"强盗"中甚是难得。

（四）审美与鉴赏：体会文字之精妙

1. 视频播放（拳打镇关西）。

2. 文字赏读。

鲁提辖拳打镇关西

且说鲁达寻思，恐怕店小二赶去拦截他，且向店里掇条凳子，坐了两个时辰。约莫金公去得远了，方才起身，径到状元桥来。

且说郑屠开着两间门面，两副肉案，悬挂着三五片猪肉。郑屠正在门前柜身内坐定，看那十来个刀手卖肉。鲁达走到门前，叫声"郑屠！"郑屠看时，见是鲁提辖，慌忙出柜身来唱喏道："提辖恕罪！"便叫副手掇条凳子来，"提辖请坐。"鲁达坐下道："奉着经略相公钧旨：要十斤精肉，切做臊子，不要见半点肥的在上面。"郑屠道："使得，——你们快选好的切十斤去。"鲁提辖道："不要那等腌臜厮们动手，你自与我切。"郑屠道："说得是，小人自切便了。"自去肉案上拣了十斤精肉，细细切做臊子。

那店小二把手帕包了头，正来郑屠报说金老之事，却见鲁提辖坐在肉案门边，不敢扰来，只得远远的立住，在房檐下望。

这郑屠整整地自切了半个时辰，用荷叶包了道："提辖，叫人送去？"鲁达道："送甚么！且住，再要十斤都是肥的，不要见些精的在上面，也要切做臊子。"郑屠道："却才精的，怕府里要裹馄饨，肥的臊子何用？"鲁达睁着眼道："相公钧旨分付洒家，谁敢问他？"郑屠道："是合用的东西，小人切便了。"又选了十斤实膘的肥肉，也细细的切做臊子，把荷叶包了。整弄了一早辰，却得饭罢时候。

那店小二哪里敢过来，连那正要买肉的主顾也不敢拢来。

郑屠道："着人与提辖拿了，送将府里去？"鲁达道："再要十斤寸金软骨，也要细细地剁做臊子，不要见些肉在上面。"郑屠笑道："却不是特地来消遣我？"鲁达听得，跳起身来，拿着那两包臊子在手，睁着眼，看着郑屠道："洒家特地要消遣你！"把两包臊子劈面打将去，却似下了一阵的"肉雨"。郑屠大怒，两条忿气从脚底下直冲到顶门，心头那一把无明业火焰腾腾的按捺不住，从肉案上抢了一把剔骨尖刀，托地跳将下来。鲁提辖早拔步在当街上。

众邻居并十来个火家，哪个敢向前来劝。两边过路的人都立住了脚，和那店小二也惊得呆了。

郑屠右手拿刀，左手便要来揪鲁达；被这鲁提辖就势按住左手，赶将入去，望小腹上只一脚，腾地踢倒在当街上。鲁达再入一步，踏住胸脯，提起那醋钵儿大小拳头，看着这郑屠道："洒家始投老种经略相公，做到关西五路廉访使，也不枉了叫做'郑关西'！你是个卖肉的操刀屠户，狗一般的人，也叫做'郑关西'！你如何强骗了金翠莲？"扑的只一拳，正打在鼻子上，打得鲜血迸流，鼻子歪在半边，却便似开了个油酱铺，咸的、酸的、辣的一发都滚出来。郑屠挣不起来，那把尖刀也丢在一边，口里只叫："打得好！"鲁达骂道："直娘贼！还敢应口！"提起拳头来就眼眶际眉梢只一拳，打得眼棱缝裂，乌珠迸出，也似开了个彩帛铺，红的、黑的、紫的都绽将出来。

两边看的人惧怕鲁提辖，谁敢向前来劝。

郑屠当不过，讨饶。鲁达喝道："咄！你是个破落户！若只和俺硬到底，洒家倒饶了你！你如今对俺讨饶，洒家偏不饶你！"又只一拳，太阳上正着，却似做了一个全堂水陆的道场，磬儿、钹儿、铙儿一齐响。鲁达看时，只见郑屠挺在地上，口里只有出的气，没了入的气，动掸不得。

鲁提辖假意道："你这厮诈死，洒家再打！"只见面皮渐渐的变了。鲁达寻思道："俺只指望痛打这厮一顿，不想三拳真个打死了他。洒家须吃官司，又没人送饭，不如及早撒开。"拔步便走，回头指着郑屠尸道："你诈死，洒家和你慢慢理会！"一头骂，一头大踏步去了。

3. 有人用"三激""三拳""三望"来概括此段内容，请将下列表格补充完整；并写出你的批注。

内 容			批 注
三激	第一次	要十斤精肉，切做臊子。切了半个时辰	
	第二次		
	第三次	再要十斤寸金软骨，也要细细地剁做臊子。却不是特地来消遣我	
三拳	第一拳	正打在鼻子上，打得鲜血迸流，鼻子歪在半边，却便似开了个油酱铺，咸的、酸的、辣的一发都滚出来	
	第二拳		
	第三拳	又只一拳，太阳上正着，却似做了一个全堂水陆的道场，磬儿、钹儿、铙儿一齐响	
三望（店小二）	不敢扰来，只得远远的立住，在房檐下望		
	那店小二也惊得呆了		

批注三拳参考：一奇在于极尽三拳之妙。拳打镇关西有选择、有步骤，很有节奏感。三拳的效果，全从郑屠被打的不同部位所产生的不同感觉写去。比喻形象，使鲁达三拳，各尽其妙，绝不雷同。

二奇在于点染出鲁达的英雄性格。三拳不打在一处，显示出他粗中有细，三拳就结果了郑屠的狗命，足见他疾恶如仇，毫不手软。

三拳打得是痛快淋漓，也正是这三拳，结束了他的"提辖"生涯，从此亡命江湖，落草为寇，最终上了梁山。

三奇在于抒发了作者强烈的爱憎感情。三拳彰显了世间正义的力量才让人觉得如此痛快淋漓，文中以调侃口吻畅写三拳，读罢之后，大快人心。

4. 请以《正义报》记者的身份，写一则新闻，简要报道鲁提辖拳打镇关西的过程。

参考：跑路，鲁提辖！

德谦报道：今天下午在状元桥边发生一起命案，一个名叫鲁达的提辖把恶棍无赖郑屠打死了。据了解，案发前一天鲁达与朋友在酒店畅饮，正在兴头，突闻一歌女金翠莲在隔壁哭泣，鲁达心中烦闷，问她为何哭泣？歌女说：恶霸镇关西逼婚！嫉恶如仇的鲁达大怒！第二日去了歌女与其父栖身的小店，先暴打了镇关西手下流氓，放走金老父女。估计金老父女走远后直奔镇关西卖肉的摊铺，当众耍弄恶霸镇关西。恶霸大怒，来打鲁达，鲁达大喜！挥动神拳，三拳打死了他。有现场目击者说，打死郑屠后，鲁达提着一条齐眉短棍，奔出南门走了。

5. "2010 年 6 月 2 日，《北京晨报》刊发了北京师范大学教师侯会的一篇文章，该文主张将中学教科书中的《鲁提辖拳打镇关西》一文拿掉。他希望拿掉此文的理由便是，因为此文在渲染暴力，对于尚未成年的十几岁孩子而言影响不好"。你主张删不删此文？为什么？

参考：江苏如皋职教中心严阳《我看〈鲁提辖拳打镇关西〉存废之争》

小结：鲁提辖这个人物我们可以用两个字两概括，那就是"武"和"侠"。"武"是鲁提辖伸张正义的基础，没有它，鲁提辖不可能完成伸张正义的举动，"侠"是鲁提辖的精神实质，甚至可以说是鲁达的代名词，因为他的身上体现了一个行侠仗义的英雄的全部要素，这也是作者为什么让鲁达在《水浒》众多英雄中第一个出场的原国。

第三节　专题研读课——以《红星照耀中国》 "长征"专题为例

一、了解长征路线

根据本篇内容，手绘长征地图；并能结合图示向他人讲述长征过程。（鼓励创意表达）

二、学习长征精神

阅读以下材料，概括长征特点及精神。

（1）长征的统计数字是触目惊心的。几乎平均每天就有一次遭遇战，发生在路上某个地方，总共有十五个整天用在打大决战上。路上一共三百六十八天，有二百三十五天用在白天行军上，十八天用在夜间行军上。剩下来的一百天——其中有许多天打遭遇战——有五十六天在四川西北，因此总长五千英里的路上只休息了四十四天，平均每走一百一十四英里休息一次。平均每天行军七十一华里，即近二十四英里，一支大军和它的辎重要在一个地球上最险峻的地带保持这样的平均速度，可以说近乎奇迹。

红军一共爬过十八条山脉，其中五条是终年盖雪的，渡过二十四条河流，经过十二个省份，占领过六十二座大小城市，突破十个地方军阀军队的包围，除此外，还打败，躲过或胜过派来追击他们的中央军各部队。他们开进和顺利地穿过六个不同的少数民族地区，有些地方是中国军队几十年所没有去过的地方。

——选自《红星照耀中国　第五篇》

长　征

毛泽东

红军不怕远征难，万水千山只等闲。五岭逶迤腾细浪，乌蒙磅礴走泥丸。

金沙浪拍云崖暖，大渡桥横铁索寒。更喜岷山千里雪，三军过后尽开颜。

——选自《红星照耀中国　第五篇》

长征特点：＿＿＿＿＿＿＿＿＿＿＿＿＿＿＿＿＿＿＿＿＿＿

长征精神：＿＿＿＿＿＿＿＿＿＿＿＿＿＿＿＿＿＿＿＿＿＿

2.阅读以下材料，完成问题。

（1）2016年7月18日，习总书记在宁夏将台堡红军长征会师纪念园考察时指出："当年的长征，是中国共产党带领人民夺取政权的长征，我们现在是改革开放新时期实现'两个一百年'奋斗目标的新长征，这是接续进行的。我们这一代人要走好我们这一代的长征路。"

（2）抗击疫情·战"疫"日记

时间：2020年2月16日

地点：武汉江汉方舱医院

记录人：海南医学院第二附属医院血液净化室主管护师　廖保丹

……

今天和往常不一样，我多了一份担心，战友们将挑战在零摄氏度以下的气温里工作。以往，即使戴了三层手套，双手在消毒后那份蚀骨的冰冷仍然让大家不寒而栗；如今，气温降至零摄氏度以下，他们的双手需要经历更高密度的消毒次数，想想就让人心疼。战友们，请在努力奋战的同时，也一定要注意保护好自己。

雪越下越厚，几秒钟一层厚厚的雪就这么覆盖在衣服上了，第一次触摸到雪，原来雪就是这个模样啊！

雪皑皑，野茫茫，医护都是钢铁汉，千锤百炼不怕苦，雪山低头迎远客。红旗飘，军号响，子弟兵，别故乡。

此情此景，让我想起了十多年前和合唱团的队员一起在三亚演唱过的《长征组歌》，红军那艰苦卓绝、不屈不挠、英勇作战、无私无畏的革命精神，点燃了我胸膛里这颗火热的心。此次我们举全国之力，共同抗击新冠肺炎疫情，和长征是多么相似！从《告别》，到《突破封锁线》《遵义会议放光芒》《四渡赤水出奇兵》《飞跃大渡河》《过雪山草地》《到吴起镇》《祝捷》《报喜》，到最后《大会师》的欢呼胜利，我们将一步步打赢这场疫情攻坚战。

> 横断山，路难行，天如火来水似银。
>
> 亲人送水来解渴，军民鱼水一家人。
>
> 横断山，路难行，新冠毒，压鄂境。
>
> 战士双脚走天下，五湖四海出奇兵。
>
> 不怕天险重飞渡，兵临武汉逼病毒。
>
> 新冠病毒被袭击，我军乘胜赶路程。
>
> 调虎离山袭新冠，共产党用兵真如神。

站在抗击新型冠肺炎疫情的战线上，风雪侵衣骨更硬，大家同甘共苦，温暖包围志更坚。没有哪个黑夜不会过去，没有哪个黎明不会到来。新时代的二万五千里长征，我们在前行的路上。

问题：结合自己的学习生活实际，谈谈我们这一代人如何走好我们的长征路？

三、重走长征路

1.为弘扬长征精神，暑期班级团支部准备开展"重走长征路"活动。请你推荐一处必去之地，请结合书中内容说明推荐理由；并为其写一段推荐语。

2.对于实走长征路，班级同学意见不一。你觉得重走长征路有没有意义呢？

四、以长征为题材，创作诗歌

推荐阅读：

著名报告文学作家王树增历时六年，精心打造的巨著《长征》由人民文学出版社出版。王树增的《长征》从人类文明发展的高度重新认识了长征的重要意义，是红军长征70年以来，第一部用纪实的方式全面地反映长征的文学作品；王树增查阅了大量的史料，实地采访了许多老红军战士，书中的许多重大事件和资料都是首次披露；在书中，作者弘扬了长征体现出来的国家统一精神和不朽的信念力量；此外，作者还讲述了在这一伟大壮举中许多感人小事，让我们通过丰富的细节更加亲近地去接触长征的历史。

【附学生诗歌习作】

泸定桥边的遥想

八年级九班 吴 迪

走过它时，你会感到平静，平静得就像是走在一本书中默读，就像哨所旁暮雪的青松，可当你向下看时，历史和枪声，就会摇晃着，沸腾着，奔涌着，翻上来，唤醒泸定桥边的遥想。寒，是当年铁索的温度，风雨飘摇，桥墩仍坚如磐石，站在这凝望，细风绕着衣角掠过熙攘。过眼的葱郁风光，悉数泛了黄。滔滔河水东去，落英纷然，便清晰了在此的眉目。寒，是当年铁索的沉重，尘飞雾散幽绿蹁跹，显现出木板斑驳，在这老桥回眸，烟云中追溯，即使千载风雨冲刷，也不能擦洗点染其间的血迹，历史，记住了这一切，13根铁索依然环环相扣，铁索的寒终究还是败给了三军的满腔热血，曾经手握炸药的烈士，也换作对岸的22座纪念碑，他们没有名字，只有重量，它没有远去，就在桥头守望。一座索桥承载多少风雨？桥上的旧木板，还在吱吱呀呀地回响，走在桥上我不敢抬头，只是遥想，担心呀，一不小心，摇晃的身姿，就会惊动这座桥呐喊的记忆。

长 征

八年级九班　谢雨航

硝烟在岁月季风中消散，
道路在时间脚印下踏平，
呐喊在光阴山谷中飘远，
但是，
有些事物会永远闪耀。

泸定桥，
忘不了那一十三根铁索。
忘不了川军的猛烈围剿，
更忘不了二十二名勇士的冲锋，
那些场景历历在目。

雪山，
忘不了那扑面而来的严寒，
忘不了勇士们不顾安危的举动，

更忘不了三军尽开颜的喜悦，

那些场景记忆尤深。

草地，

忘不了几万人艰难跋涉，

忘不了舍身尝百草的将士，

更忘不了平民百姓无私的奉献，

那些场景让人感慨万千。

两万五千里，

不是路程，而是人心。

红军守护住了我们的尊严，

为新中国点亮了前进的明灯，

伴随我们踏上新的征程，

我们赞美长征。

题金沙

八年级九班　李雨蔚

有这样一条江，

他势如奔雷，声震峡谷；

有这样一群人，

他们百折不挠，生生不息。

在蜿蜒起伏的唐古拉山脚下，

金沙江

是最为湍急的江流，

浪花奔腾不息，

声势浩大，如雷贯耳。

那飞溅的水花，嶙峋的怪石，

都令人望而却步。

而那些永远"杀不够"的"土匪"，

那些没有什么文化的一介草民，

却只用六天的时间，

七只小船，

翻越了一百八十里的山路水路，

抵御了敌人的进攻，

成功横渡金沙江。

他们不是草民，更不是土匪，

而是英勇的红军战士！

金沙江滚滚而去，

映着天空中白云的身姿，

映着千里飘扬的五星红旗，

也映着红军战士们的笑脸。

我们的红军战士，

用他们的赤子之心，

谱写出了永不消逝的革命乐章！

泸定桥

八年级十班　黄钰帆

一座桥，横亘在前

一群人，勇往直前

十三根铁索挺立多年
稀疏的木板零零落落
凄寒，肃杀

铁索上，子弹擦过的痕迹
和被河水几乎冲刷消失的血迹
重现着八十五年前
红军战士拼死向前的身影
匍匐攀前，铁链烧红在前
勇士的鲜血，浸染索链
挡不住是红军战士前进的步伐

往事过多年，多少风雨变迁
铁索依然显映着当年的鲜红印记
大渡河水喧嚣而过
见证的是革命先辈们的坚定的信仰
一座桥，见证的
是中华民族可歌可泣的不屈精神

红军颂

八年级九班　蒋　程

汹涌的浪花拍打在高耸的岩石上，
细小的雨滴沿着石缝轻轻流下，
在这澎湃的长河上，
架起了一座由鲜血汇聚成的桥梁！
无数颗子弹嵌入了红军的皮肤下，

无数位红军倒在了这座铁桥上。

河流开始变得鲜红，

赤色的巨龙在天空中回荡，

身为红军的他们，

还好吗？

赴汤蹈火的烈士们，

终究会化成一座通往胜利的桥梁。

每当想到这里，

我眼中便会热泪盈眶。

因为我的脚下，

是鲜血汇聚成的土地。

我的眼中，

看见了多少年前中华民族的希望！

长征赋

八年级九班 吴 迪

长征史之悠久，其景蔚为大观，长篇风云，画卷波澜。十四省纵横神州大地，两万五千里里风餐露宿。千万河中逝激流，百万绝巘刺青天，盖体祭献长调，事巨颂鸿篇，故以此赋飨天灵，愿得英魂长安眠。

遥想当年无尽往昔事，龙争虎斗，阴风怒号，雾霾蒙城。望红色阵地，狼烟四起，潇潇西行；茫茫林海，禽兽蜂拥，不易久留，惜圣地难保，箪食相送，叹英雄揾泪，踏漫漫征程。

高山峻岭，险境交横。穿越枪林，行走弹雨。湘江两畔干戈落，潇水寒冷几周星。"天无绝人之路，地有四方能通。"民族大义，刘伯承结拜彝族首领小叶丹；长虹豪志，彭德怀横刀歼灭军阀骑兵团。经黎平，抵猴场，遵义会议运筹忙，此会日月换新天，润之操动游击战（持久战）三军易主引雕弓。娄山霜层马蹄碎，勇士豪杰在一团，堂堂红军英雄汉，四渡赤水出奇兵。声东击西调滇军，金沙江陵唱空城。大渡河边两军竞，泸定桥横铁索寒。

千秋悲壮，万世恢宏。荒滩沼沼无人烟。野菜、草根填肚肠，笑用腊酒消严寒。卧雪爬冰志激昂，顶风冒雪翻雪山，携手挽扶步履艰难，雪峰野花无觅处，神仙亦愁肠。凭铮铮铁骨，旗卷沧桑。再看南下走险境，九死一生聚一堂。正如：层层围剿，天不亡我！春去也，笑谈蒋委员长，枉目神伤。

红军长征佳话多，英雄故事讲不完。天高云淡，六盘山兮望断南飞雁；日辉月耀，宝塔山兮放眼北斗灿。

只流血牺牲，伤亡上万。呜呼，高山挽义士，碧血溅长空。岁月悠悠九十载，流水时时宛唱风。

大风泱泱，大潮滂滂，吾国长剑和天地并存，与日月同光。愿长征精神弘扬，红色经典不忘！

第四节　读写拓展课——以《水浒传》为例

英雄评传——谁与争锋

作者在《水浒》中给我们塑造了108位英雄好汉，请从下面的好汉中选择一位，为他写一篇人物评传吧！（你也可自选人物，自选主题呦！）

话　题	阅读回目
①鲁智深：路见不平一声吼	3.4.5.6.7.8.17.58.71.99
②林　冲：忍无可忍的本色英雄	7.8.9.10.11.12.19.39.40.58.82.99.100
③杨　志：两次差评的快递	12.13.16.17.58.71.92
④晁　盖：为何早早出局	14.15.16.18.19.58.59.60

续表

话　题	阅读回目
⑤宋 江：千面一人	18.21.22.32-42. 57.58.59.63-100
⑥武 松：打虎英雄 VS 暴力杀神	23—32.58.71.99
⑦李 逵：一片天真浪漫到底？	37-41. 52.53.54.58.71.73.75.99.100
⑧卢俊义：梁山上的高富帅	60.62.63. 71.96.98.99.100

※ 友情提示

《水浒》英雄评传三步走

第一步，梳理情节（①②方式任选）。

①确定评传人物，摘取连缀和其相关章节，梳理传主人生历程示意图。

②根据回目提示，以时间（地点、事件）为横坐标，以情节紧张程度为纵坐标，画出和该人物有关的情节发展曲线图。

第二步，评价形象。

①圈点勾画书中作者的评价。

②搜集相关学者对其评论，如金圣叹、李贽。

③读者跳出作品看作品，对人物作出辩证全面评价。

第三步，完成评传

从人生历程、人物形象以及命运走势中，提炼评传的评语。评语可以是对人物性格进行辩证评价，也可以是对人物性格或命运走势原因的阐释。围绕评语，选择相关的情节材料，形成评传。

接下来我们以鲁智深为例简要说明一下如何写评传。

第一步，梳理情节。

①鲁智深人生历程。

拳打镇关西→大闹五台山→大闹桃花山→火烧瓦罐寺→倒拔垂杨柳→大闹野猪林→落草二龙山→舍生救史进→梁山参战→南征北战→六和寺圆寂。

②根据回目提示，以时间、地点、事件为横坐标，以情节紧张程度为纵坐标，画出前七十回和鲁智深有关的情节发展曲线图。

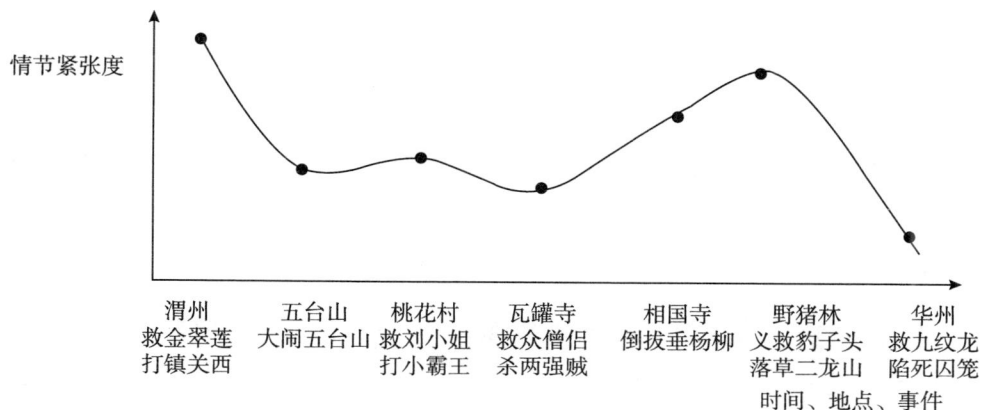

图1　鲁智深情节发展示意图

第二步，评价形象。

①从书中"拳打镇关西""大闹桃花村""义救豹子头"等情节，可以看出鲁智深是一位疾恶如仇、侠肝义胆、脾气火暴、粗中有细的人。

②我们再看金圣叹和李贽对鲁智深是如何评价的。金圣叹在《读第五才子书法》中这样评价鲁智深，"鲁达自然是上上人物，写得心地厚实，体格阔大。论粗卤处，他也有些粗卤；论精细处，他亦甚是精细"，金圣叹对鲁智深的评价比较客观全面。他在拳打镇关西的总评中还写道："写鲁达为人处，一片热血直喷出来，令人读之，深愧虚生世上，不曾为人出力"，此处评价不仅有对鲁智深的褒奖，还有自我反思。

李贽在点评拳打镇关西一回时在书上眉批道："仁人、圣人、勇人、神人、罗汉、菩萨、佛"，他把儒、道、佛三家中的最高评价都给予了鲁智深。

同时我们也要辩证地看待这些名家点评。如金圣叹也曾评价鲁智深"遇酒便吃，遇事便做，遇弱便扶，遇硬便打"。金圣叹说的"四遇"并不全对，比如"遇酒便吃"，鲁智深一路追随暗中保护林冲，滴酒未吃；鲁智深在华州，他说"史家兄弟不在这里，酒是一滴不吃"……

③全面分析，做出自己的辩证评价。在拳打镇关西、火烧瓦罐寺章节中，我们不仅看到鲁智深侠肝义胆的一面，也看到了鲁智深暴力倾向。显然金圣叹和李贽的点评是不够全面的。

经过上述三个阅读阶段，我们对鲁智深的形象有了辩证全面了解。

第三步，完成评传。

基于上述人生经历梳理和形象分析，我们能看出鲁智深最鲜明的性格特色就是残暴、侠肝义胆、粗中有细。于是我们可以引用歌词"路见不平一声吼"作为题目，以"鲁达"名字中的"鲁"（脾气火暴、暴力倾向）和"达"（侠肝义胆、粗中有细）作为行文思路。选择合适的情节评说，完成人物评传。

经过了上述学习，你对写评传有了初步的了解，赶快拿起笔来，为你喜欢的英雄写一篇评传吧！

【参考示例】

李逵：一片天真烂漫到底，还是一曲一场叹？

青岛第三十四中学　吴迪

《水浒传》中梁山泊一百零八将，哪位最讨喜？早在四百年前，两位举足轻重的人物给了一致的答案。文学批评家金圣叹认为："李逵是上上人物，写得真是一片天真烂漫到底。"另一位点评大家李贽说得更绝："李逵者，梁山泊第一尊活佛！"

笔者读罢《水浒传》一书，对此不敢苟同。文学批评家常将其人生观、价值观融入点评之中，并借书中人物"还魂"所好。追根溯源，李贽是追求"童心"的思想巨人，金圣叹极力推崇率性而为，由此看来，两者作出前述评价不足为奇。然而，失之偏颇，甚至极端。"横看成岭侧成峰，远近高低各不同"，在笔者看来，《水浒传》字里行间隐响着李逵百转千回曲终叹的外音。

草根出身重贵人　纯朴无知靠直觉

人如其名。据书中所述，李逵来自社会底层，小名李铁牛，江湖绰号"黑旋风"。"旋风"，刮起来难辨方向，在宋时还是火炮的代名词，通过绰号不难看出李逵长得黑、行动迅猛、脾气急躁。说白了带点简单粗暴的倾向，有着一身武力，但恐怕头脑空乏。

初遇，宋江帮李逵解尴尬之围，十两银子和"及时雨"的名号，让李逵彻底交出真心，"扑倒身躯就跪"。后来赌博输光钱，一改之前认输的好习惯，因为觉得丢了面子便打人抢钱，无视规则和礼数。

李逵遇事不善宏观考虑，估计脑子里也没这类"库存"，质朴纯真，但也莽撞无礼，有人性的光辉，也有兽性的阴暗。

天真浪漫孝为先　敢于反抗忠事业

有益于人为善，有益于己为恶。假李逵剪径劫单人，黑旋风沂岭杀四虎。李逵回家接母亲上梁山享清福，途中遇到李鬼冒用自己的名号打劫，砍了李鬼一刀。听李鬼说要赡养九十老母，便没有杀李鬼，还给了他十两银子。百善孝为先，不难看出，李逵是一个"老吾老以及人之老"的大孝子，此举"以德报怨"，散发着天真烂漫的味道。

这种味道还散发于其它场合，比如：所有的权利和官职，在李逵心中都失去威力，甚至连大宋天子，在他嘴里不过是个"鸟皇帝"而已；他撕碎皇帝下的诏书，还大骂钦差，毫无畏惧之感……此类行为颇多，无不说明李逵大大咧咧的言行下，有着坚定彻底的反抗精神，有着忠于梁山事业的赤诚之心。

李逵是个纯粹的革命派，这也是这个人物形象的可爱之处！

手持板斧无底线　蔑视人性嗜血残

后来，"天杀星"李逵恶性尽显。打死乡里人，逃亡江州；后在江州劫法场后，杀得横尸遍野，不听晁盖阻拦，一斧一个，排头儿砍将去，这阵黑旋风所到之处"寸草不生"；之后活剐黄文炳；三打祝家庄时，斩尽杀绝，直到宋江面前唱个大喏，说道："祝龙是兄弟杀了，祝彪也是兄弟杀了，扈成厮走了，扈太公一家都杀得干干净净，兄弟特来请功。"还说道："谁鸟耐烦，见着活的便砍了。"……由此观之，李逵的内心是多么扭曲、变态。

"天真烂漫"和原始本性中的暴力结合在一起，成了可怕的恶魔。

此时，李逵的天真浪漫，已经被无辜生命汇成的鲜血之河湮没了。

追随宋江如影随　黑白对比人性明

李逵一直死心塌地地跟着宋江。笔者看来，不只是宋江一见面就给了他十两银子，更是因为宋江赋予了他人生的全部意义。李逵从一个整天无处发泄精力的底层狱卒，到上梁山后挥着"替天行道"的大旗"合法杀人"，并且在重要场合能"说三道四"发泄一通，全都要感谢宋江给了机会和肯定。

宋江之所以选李逵，是因为李逵直肠、忠心，在江州劫法场如果没有李逵，宋江早就在黄泉之下了。李逵有"童心"般的死脑筋，且没有世俗的算计，于宋江而言是最好栽培的棋子，使唤自由，且只有他一人动的了。

在作者的笔下，李逵跟着宋江唱双簧。用身边人的心思细密衬李逵的真，现宋江之人的假。李逵空有天真的心，没有烂漫的思维，他不是莲花的"出淤泥而不染"，却是"近朱者赤，近墨者黑"，更甚者"给点颜色就成染坊"，是由他人着色的"器物"。

李逵是影人，宋江恰恰就是那个耍皮影戏的。

总体来说，李逵，一位工具化人物，他的命运，折射出了周遭环境的破坏，他的幕布之后是深渊，一旦踏入，万劫不复，没有丝毫救赎的余地。一生旋风，化作数百年后某一刻的拍案叫绝还是冷嘲热讽？

天真烂漫而始，凄切惨淡而终，皮影戏唱罢，徒留唏嘘矣！

第五节　阅读分享课——以《我们仨》为例

《我们仨》导读

《我们仨》是杨绛在92岁时所著，该书以简洁而沉重的语言，回忆了先后离她而去的女儿钱瑗、丈夫钱锺书，回忆了一家三口那些快乐而艰难、爱与痛的日子。

全书分为三部分。第一部分中，杨绛以其一贯的慧心、独特的笔法，用梦境的形式讲述了最后几年中一家三口相依为命的情感体验。第二部分，女儿与丈夫先后病重去世，作者在书中以梦幻的形式表现了这段深重的情感经历。第三部分，以平实感人的文字记录了自1935年伉俪二人赴英国留学，并在牛津喜得爱女，直至1998年女儿与钱先生相继逝世，这个家庭鲜为人知的坎坷历程。

杨绛的作品就像她的为人一样谦逊朴实。在杨绛的作品中，他们一家确实是平凡得不能再平凡的家庭。正如书中所说："我们仨其实是最平凡不过的。……我们这个家，很朴素；我们三个人，很单纯。我们与世无求，与人无争，只求相聚在一起，相守在一起，各自做力所能及的事。"孩子们读这本书不仅看到了一个单纯温馨的学者家庭，更能透过这平凡的家庭、琐碎的事件，看到了中国知识分子不平凡的人生追求、精神风貌和人格魅力。

阅读此书，除了感受一家人的亲密细腻的情感，体会家庭是人生最好的庇护所外，我还希望孩子们能在阅读的过程中培养语文能力，引导学生读出语文味，入情入境，启迪他们对人生的思考。

前期准备

任务一：保证全班人手一本《我们仨》，用三周时间读完，边读边写读书笔记。我给予学生广阔的阅读空间，充分的阅读自由，对于读书笔记，学生可以不拘一格，写诗、作画、杂感、摘抄、手抄报等，心有多大，世界就有多大。

任务二：利用阅读课讨论交流，在阅读的过程中学生们提出疑问或自己的阅读障碍，小组交流，帮助解惑，老师加以点拨，介绍背景。

任务三：学生上交读书笔记，老师根据学生的感悟内容和写作角度，对小组进行适当的内容分配，各小组成员在组长的带领下搜集、整理资料，整合本小组的可用资源，分工合作，设计展示思路及展示形式。教师有针对性地对各小组进行指导，点拨，确定最终展示方案。

活动沙龙开展环节

一、导语

亲爱的同学们，又到了我们读书交流的时刻了。腹有诗书气自华，最是书香能致远。读书能让我们的思想变得更开阔，更深远。品味经典，可以与智者对话，与大师交流。回眸 20 世纪中国文坛，文学大师辈出，他们就像一颗颗明星，在璀璨的夜空中映照苍穹！这里有鲁迅、胡适、梁实秋、老舍、巴金等等，他们文采灼灼、学贯中西。在这个广阔的文学星空里有一对文坛伉俪，他们心有灵犀、相濡以沫，成就了一段文学史上的佳话。他们就是杨绛和钱锺书。我们通过读《我们仨》，了解了杨绛和钱锺书的人生。今天我们将共同交流《我们仨》的读书感悟，走近这个单纯温馨的学者家庭。

二、各小组展示读书成果

学生主持人致词，各小组进行成果展示，每组展示由学生主持串词。

活动一：真情诉说（配乐朗读）

她

她，常常用笑掩盖内心的悲伤，她闭门谢客，却一定在傍晚坐在书桌旁；手中举着那张早已褪色的黑白照片，厚厚的镜片下，眼中布满泪光；那布满皱纹的手时常拂过那三人的笑脸，那是她一生中最幸福的时光；她心中默念着：圆圆，你和锺书就这样走了吗？你们甚至还没有告诉我，那天晚饭后你们究竟说了什么？圆圆，我一生的杰作，连最后一次游戏都没来得及玩，你们，就这样走了吗？渐渐地、渐渐地模糊了双眼，心里突然洋溢着温暖，洒进心田的，是那满载祝愿的夕阳。

活动二：快速抢答

第三小组针对书中的内容设计了抢答环节，串起了《我们仨》的主要内容。

1. 文章一共分为几个部分？各部分的名称是什么？

2. 杨绛一家人的作息习惯是什么？

3. 在第二部分中作者采用了什么形式，运用了什么写法叙述了他们一家三口最后几年的生活？

4. 文中虚构的船、客栈、古驿道对应现实生活中的什么？

5.《围城》写于哪一年？

6. 杨绛的代表作是什么？

活动三：精彩片段欣赏

第一小组男女生配乐朗读精彩片段，入情入境，体会人物感情的变化。

女生：我把她肥嫩的小手小脚托在手上细看，骨骼造型和锺书的手脚一样一样，觉得很惊奇。锺书闻闻她的脚丫丫，故意做出恶心呕吐的样儿，她就笑出声来。她看到镜子里的自己，会认识是自己。她看到我们看书，就来抢我们的书。

已经是晚饭以后，他们父女两个玩得正酣。锺书怪可怜地大声求救："娘，娘，阿圆欺我！"阿圆理直气壮地喊："娘！爸爸做坏事！当场拿获！"锺书把自己缩得不能再小，紧闭着眼睛说："我不在这里！"他笑得都站不直了。我隔着他的肚皮，也能看到他肚子里翻滚的笑浪。我忍不住也笑了。三个人都在笑。

男生：人世间不会有小说或童话故事那样的结局：从此，他们永远快快活活地一起过日子。

人间没有单纯的快乐。快乐总夹带着烦恼和忧虑。

人间也没有永远。我们一生坎坷，暮年才有了一个可以安顿的居处。但老病相催，我们在人生道路上已走到尽头了。

一九九七年早春，阿瑗去世。一九九八年岁末，锺书去世。我们三个人就此失散了。就这么轻易地失散了。"世间好物不坚牢，彩云易散琉璃脆"。现在，只剩下了我一人。

我清醒地看到以前当作"我们家"的寓所，只是旅途上的客栈而已。家在哪里，我不知道。我还在寻觅归途。

活动四：品读人生

第五组——钱锺书的足迹

我们组来给大家介绍钱锺书。我们想通过钱锺书的足迹带着大家走进钱锺书。

生1：1935年7月，钱锺书和杨绛结婚后同到英国牛津求学，钱锺书攻读文学学士，杨绛做旁听生。他们除了上课，最多的时间就是往图书馆跑，读各种经典作品。杨绛爱读诗，喜欢和钱锺书一起谈诗论诗，也常常一同背诗。1937年在巴黎从事研究，钱锺书更是下功夫扎扎实实地读书。法文从十五世纪的诗人到十八、十九世纪，一家家读来。

生2：1938年回国，钱锺书最初在西南联大教书，后来因为钱锺书的父亲让他到蓝田任英文系主任，并方便照顾父亲，他没有违抗父命，辞去了西南联大的工作去了蓝田。因为这事被误解，他也不去争辩，被排挤，也总乖乖退让。

生3：钱锺书在上海完成了他著名的小说《围城》。蛰居上海期间，买书是锺书莫大享受。

生4：1949年钱锺书任清华大学外文系教授，后来又调任毛选翻译委员会的工作。钱锺书只求做好本职工作，完成了《宋诗选注》，翻译的《毛泽东诗词》英译本出版，创作的《管锥编》也相继出版。钱锺书在文学作品和研究方面有巨大的成就，但是与世无争，不求有名有声。我们可以称他为"不求名的名人。"通过我们小组的介绍，同学们对钱锺书有了更深的了解，他是著名的作家，文学研究家。1947年完成了唯一的长篇小说《围城》，1998年因病去世，享年88岁。

第二组——钱瑗那些事儿

我们组给大家介绍我们仨中的钱瑗。和大家分享关于钱瑗的几个主题词。

出生、父女关系、妈妈的教育、一句话的魅力、爷爷的评价、交友广泛、学术成就

生1：钱瑗出生在牛津，据说是牛津出生的第二个中国婴儿。钱锺书知道得了一个女儿，得意地说："这是我的女儿，我喜欢的。"阿瑗长大后，杨绛把爸爸的"欢迎辞"告诉她，她很感激。圆圆一岁多的时候跟随者爸爸妈妈回国，她在船上表现得很不文明，她面对陌生人的时候并不扑在妈妈身上躲藏，而是对走近她的人用法语说"non，non"，然后卷着小舌头像小狗般低吼。一岁三个月了，不会叫人，不会说话，走路只会扶着墙横行，走得很快。杨绛自己说是因为自己这个书呆子妈妈没有管教。钱锺书从外地回到家，圆圆两年没见爸爸，已经不认识了。晚饭后，圆圆要赶爸爸走，让他去找自己

的妈妈。锺书悄悄地在阿瑗耳边说了一句话，圆圆立即感化了似的和爸爸非常友好，成了哥们，妈妈退居第二了。钱锺书说了什么话，杨绛当时没有问，以后也没问，这已经成了他们两人之间永远的秘密了。

生2：钱瑗小的时候就有过目不忘的本领，她的爷爷考了她很多方面的学问，认定她是"钱家读书的种子"。瑗瑗14岁考上女十二中，代数得了满分，后来身体的原因休学一年，后来复学，欠修四年半的俄语很顺溜地跟上了，而且还成了班上的尖子。钱瑗在上学期间交友非常广泛，既有同班的同学，又有清华的教授。钱瑗任北师大外语系老师。她是教师队伍的尖兵。每天超负荷的工作，据学校评价，她的工作量是百分之二百。每天从不旷课，还要编写教材，参加全国性的语言学大会；中英英语教学项目的建立人。

第四组——杨绛的一生

我们组来给大家介绍杨绛。杨绛的一生好比时间的年轮，一圈一圈的年轮，有的或许是悲伤，有的或许是欢乐，但这一段段的记忆加起来却是一段悲欢离合的人生。

生1：杨绛24岁时和钱锺书结婚到英国牛津留学。满腹经纶的大才子在生活上出奇的笨手笨脚，学习之余，杨绛几乎揽下生活里的一切杂事，做饭制衣，翻墙爬床，无所不能，杨绛在牛津"坐月子"时，钱锺书在家不时闯"祸"。台灯弄坏了，杨绛说"不要紧"；墨水染了桌布，杨绛说"不要紧"，事后杨绛都妙手解决了。杨绛可谓是"笔杆摇得，锅铲握得，上得厅堂，下得厨房"。26岁时生了女儿钱瑗。

32岁，杨绛的剧本《称心如意》《弄假成真》《游戏人间》等相继在上海公演。

生2：67岁，杨绛翻译的《堂吉诃德》中译本出版。

70 岁，发表的《干校六记》，被译成英语、法语、日语。

87 岁，女儿钱瑗、丈夫钱锺书相继离世。

93 岁，出版《我们仨》，一个人思念我们仨。

现在杨绛已经是 105 岁高龄。身体依旧很好，仍然思路清晰、精神矍铄，过着一个普通老人的生活，她借翻译英国诗人兰德那首著名的诗，写下自己无声的心语：

（小组朗诵）

我和谁都不争，和谁争我都不屑；我爱大自然，其次就是艺术；我双手烤着生命之火取暖；火萎了，我也准备走了。

活动五：自由论坛

（1）原创诗歌。

失散

风吹拂 / 绛蓦然回首 / 不见了锺书的身影 / 锺书 / 你去哪了？

踏上古驿道 / 沉重的脚步声缭绕 / 深深地眺望在船艄 / 锺书 / 你去哪了？

在由绿转黄的柳枝下 / 三里河寓所已不再是家 / 回想着久违的我们仨 / 锺书 / 你走了呀

消失在古驿道的尽头 / 身影在心中模糊不清 / 摇摇欲坠的黄叶哀叹 / 锺书 / 一路走好 / 来日相见！

我一个人，思念我们仨

年轻时，我们一起玩耍，你们当娃我当妈，我们一起过家家。

暮年时，我们老病相催，夕阳西下，断肠人在天涯。

而现在，我们仨失散了，哪里是我的家？ 我还在寻觅归途，我一个人思念我们仨！

（2）画说我们仨。

图3 《我们仨》

（3）畅谈体会。

生1：我通过阅读了解了杨绛老先生心中的家，不是指一座多么豪华的房子，而是指有钱锺书、钱瑗和她生活的地方。封皮朴素淡雅，也可以看出杨绛先生的品质。

生2：我想从我们仨总体来说，时间就像沙漏一样，一分一秒地流逝，我们仨也渐渐失散了，钱瑗，钱锺书去世，杨绛为了完成我们仨的共同约定，坚强地活了下来，完成了《我们仨》的约定。

生3：我看到了一个普通的学者家庭，他们一家人相知相守，到最后的失散，每读到第二部分时就心生悲怆，眼前仿佛出现一位白发苍苍的老人，在古驿道上目送家人远去的情景，那是生离死别的悲痛。

三、结束语

读完《我们仨》，合上此书，心中久久不能平静。杨绛、钱锺书卓越的成就、高尚的品德、精深的修养令我们敬仰。我想《我们仨》一定会铭记在记忆中，若干年后，我教你的知识你早抛到九霄云外了，但这次读书交流会会终生难忘。我们在书中品读了人生，在书中增长了智慧，共享了读书的快乐。最后提出我的一点希望，希望阅读能成为我们生活中的一部分，让经典润泽我们的心灵，让书香伴我们一生！

（本课例由胡晶老师提供）

第六节　学科融合课——以《特蕾莎修女传》为例

《特蕾莎修女传》剧本

第一幕　北京演播室

孙瑶：观众朋友们大家好，欢迎走进新闻直播间，今天我们将与大家一起见证诺贝尔和平奖的颁奖盛典。

今天直播间请来的嘉宾是历史学家李佳宝先生，地理学家邢佳怡女士，宗教研究者马志鹏先生，欢迎各位的到来！

为了更好地报道本次颁奖盛典，央视前方记者团分别来到了挪威首都奥斯陆，特蕾莎修女的主要工作地印度的加尔各答，以及位于南美洲的巴西首都巴西利亚，待会前方记者将会给大家带来最新的现场报道。

首先我们先请李佳宝先生给我们介绍一下有关诺贝尔奖的知识。

李佳宝：观众朋友们大家好……有关诺贝尔的知识就给大家介绍到这，谢谢大家。（历史学科）

孙瑶：谢谢李先生给我们带来通俗易懂的介绍。让我们也对诺贝尔顿生敬意。接下来我们有请邢佳怡女士给我们介绍一下前方记者所在地的风土人情。

邢佳怡：观众朋友们大家好，随着颁奖盛典即将到来，我们的心已随着前方记者来到了挪威首都奥斯陆。（奥斯陆简介）……（地

理学科）

　　说道本次诺奖得主特蕾莎修女，我们就不得不了解一下特蕾莎修女的主要工作地印度的加尔各答……（地理学科）

　　我们现在正是《南山南》中唱的那样：我在北方的寒夜里，大雪纷飞。你在南方的艳阳里，四季如春。我们的一路记者正在赤日炎炎的巴西利亚。那里……

　　好了主持人，我就给大家介绍这些。

　　孙瑶：谢谢嘉怡，说到本次诺奖得主特蕾莎修女，我们就不得不谈谈宗教。我们有请宗教研究者马志鹏先生给大家介绍一下有关宗教的知识。

　　马志鹏：观众朋友们大家好，世界有三大主要宗教……（历史宗教学科）

　　他们主要分布在……比如嘉怡刚才介绍的巴西利亚就是信奉基督教的。好了主持人，我就给大家介绍这些。

　　孙瑶：谢谢马先生，刚才听了嘉宾的介绍，我瞬间感觉自己渺小了，竟然有那么多不会的知识。再次感谢各位。颁奖盛典即将开始，让我们把镜头切换到挪威首都奥斯陆，共同见证这一盛典的开始。

第二幕　挪威奥斯陆颁奖现场

（祖小艺组）

特蕾莎修女获奖感言

　　感谢上帝给我们在这里聚会的机会，为我们带来诺贝尔和平奖，我想我们在这里共同用圣芳济一章祷文来祈祷一定是非常适宜的。我们每天接受圣餐后，都要用这段祷文来祈祷，因为它适合于我们每一个人。我总想弄明白的是，四、五百年以前当圣芳济撰写这段祷文时，当时的人们一定遇到了和我们今天一样的困难，我们将这段祷文修改得更加适合今天的状况。我想在场的大多数人都已经有了这份祷文，让我们共同来祈祷：感谢上帝刚给我们机会，让我们大家今天聚在一起，和平奖的获得告诉我们，我们生来就是要为和平而生存，它也告诉我们，基督除了没有原罪外，他和我们简直没有两样，他明确地告诉大家，他给众人带来了一个喜讯。

这个喜讯就是所有善良的人所期盼的和平的愿望，也是我们都欲得到的——一颗维护和平的心……

前几天，我从一个瘫痪二十年的病人那里收到十五美元的捐款。这个人全身能活动的部分只有右手。他唯一的嗜好是吸烟。这个人对我说："我一星期没有吸烟，现在我把省下来的钱交给你们。"这样的贡献对他来说一定是经历了非常痛苦的煎熬，但是他为分担拯救贫困人们的行动是多么壮丽啊。我用这笔钱为那些正在挨饿的穷人们买了面包，使捐赠者和接受捐赠的人都感到非常快乐。

上帝赐给我们每个人的礼物是要我们互相爱戴。我们都可以用上帝的礼物做我们能做到的事情。让我们为了基督施与他人爱心吧。让我们像他爱我们一样互相爱戴。让我们用无私的爱去爱他。让我们在圣诞节即将到来之际基督、为我们彼此献出我们的爱。

……

正如我今天所讲过的，我上天堂不为别的，我是为了大众而上天堂，因为大众净化了我的心，我所作出的奉献可以让我安然地面对上帝了。我认为，我们一定要为美好的生活而生活。我们和基督同在，因为他爱我们。我们只要记着上帝是爱我们的，我们就会像他爱我们那样去爱他人。不为大而爱，只为琐细的爱。从细微的小事中体现博大的爱。我们要以挪威为中心，将爱传播到整个世界，让战争远离我们。如此，那些待出生的婴儿就会欢叫着来到人间。我们把自己变成传播世界和平的火种，挪威的诺贝尔和平奖将会真正是献给和平的厚礼。

愿上帝保佑你们。

1979 年 12 月 10 日　于挪威（多仁 译）

第三幕 印度加尔各答 街头

观众朋友们大家好，欢迎大家再次回到演播室，首先祝贺特蕾莎修女获得诺贝尔和平奖。我想此刻，我们更应该到特蕾莎修女的工作地，被称为噩梦之城的加尔各答去看看。让我们连线正在加尔各答的记者邵晓倩。您好邵晓倩，

邵晓倩：您好主持人，观众朋友们大家好……（采访接头路人）好了主持人，前方的报道就是这样。

第四幕 挪威奥斯陆 学校

孙瑶：谢谢小倩，接下来让我们再连线远在颁奖现场采访的记者侯珂。您好侯珂，

侯珂：您好主持人

孙瑶：侯珂，特蕾莎修女获得和平奖，当地人们对此反响如何呢？

侯珂：好的，主持人，特蕾莎修女获得诺奖后，我们一行来到了奥斯陆的一所学校，我们看到老师正带领的同学们用自己特有的学习形式，来表达对特蕾莎修女的崇敬之情。

姚佳琪：原创诗歌

特蕾莎

你从家乡来到遥远的印度，是为了帮助穷苦的难民；

你在加尔各答护理和救助穷人，是因为感到了工作的召唤。

你在荒凉贫瘠的街头握住穷人的双手，给予他们最后一丝希望。

你在疾病丛生的医院亲吻艾滋病病人的脸庞，为他们筹集医疗资金。

你为难民送去轮椅，从伤口捡出蛆虫，

你还举办了慈善传教士活动，感召了无数民众。

你的爱使朴实无华的生活变得富有，

你的美永远存于我们心中。

爱永恒

她,是位满面皱纹的人

她,是为瘦弱文静的修女,

但在他去世后,成千上万的人为她哀悼。

她,拥有一颗善良的心,

她,拥有世上最宝贵的财富——爱

她,给予爱,收获爱。

用爱,真诚的帮助每一个贫困的人。

一柱梵香,写不尽它的辉煌。

心,真诚;爱,永恒。

爱,永恒。

侯珂:好了主持人,前方的报道就是这样。

第五幕 巴西 巴西利亚 街头

孙瑶:谢谢侯珂,其实此刻,我们更想知道远在万里之外的巴西利亚,当地的人们对特蕾莎修女获奖,反响如何? 您好,思羽。

李斯羽:您好孙瑶,特蕾莎修女获诺奖后,热情奔放的巴西人们用不同的方式来表达内心的喜悦之情,看,那边正有一个人在即兴演讲,我们过去看看。

葛昌硕演讲……

还有一群街头艺人,在唱着他们的原创歌曲。在载歌载舞。

陈康组合(演唱自编歌曲)

想救助人	在哪里我都能实现
和天使肩并肩	救死扶伤让你我肩并肩
世界等着我去改变	何处不能欢乐无限
想帮助人	抛开一切
从不想别人知道	勇敢地帮助别人

我就站在穷人中间	我希望世界和平
我相信我就是我	我相信希望
我相信明天	我相信伸手就能碰到天
我相信慈善没有终点线	上帝在我身边
在偏僻乡村	让生活更美好
在霾梦之城	每一刻都精彩万分
都是我心中助人乐园	I do believe

李斯羽：好了主持人，前方的报道就是这样。

孙瑶：大地上远处有个修女，她穿梭于又臭又脏的废墟，与那四季踏遍天涯海角，含泪说着爱要爱到心痛。特蕾莎修女平凡而伟大的形象定将永远定格在道德的天空……观众朋友们，本次转播到此结束，再见！

第六章

回眸之路

——《思辨·融合·课程：初中名著深度阅读的探索与实践》成果报告

一、问题的提出

语文新课程标准中明确指出：七到九年级的学生应该"学会制定自己的阅读计划，广泛阅读各种类型的读物，课外阅读量不少于260万字，每学年阅读两三部名著"并要求学生"读整本的书"。

但是当前名著阅读的现状不容乐观，有的缺乏规划，目标不明，自由散漫，阅读指导流于形式，缺乏实效；有的比较肤浅，仅仅停留在检查进度或兴趣导读上；还有的甚至变相为纯应试的阅读，教师采用灌输式阅读指导，教师为学生提供的是缩水的快餐式阅读，忽视了学生的主体性，造成学生被动式阅读名著。自2014年，团队开展了名著深度阅读的探索与实践，力图解决以下主要问题：

（1）统筹教材与名著用时比例，推进名著阅读课程化建设，解决名著阅读时间不充分问题。

（2）优化名著阅读策略，探索名著阅读实施路径，解决名著阅读中碎片化、肤浅化阅读问题。

（3）开发名著阅读课程资源，对接融合教材单元学习，解决名著阅读收效周期长问题。

二、过程与方法（图1）

（一）激趣海量阅读阶段（2014年7月—2015年7月）

针对学生不读书、不愿读书的现状，明确了海量、激趣阅读思想。通过推荐阅读书目（图2）、开设名著导读、班级、校级读书分享会，多彩读书等活动，建设书香校园。2015年7月，赴广州学习生本教学理论，统一海量阅读思想。影响带动一批教师自主参与名著阅读的实践中，为后续阅读研究打下基础，实现了从一人研究到一校研究。

（二）思辨主题阅读阶段（2015 年 7 月—2016 年 7 月）

为了解决名著阅读中碎片化、肤浅化阅读问题，教师优化名著阅读策略，制定梯度阅读计划（图 3），以主题引领、议题深入、活动助推等措施，探索名著阅读实施路径，实践了"线上 + 线下"的阅读方式，引导学生思读结合。2015 年 12 月，全国生本教育理论与实践研习班，展示《我们仨》读书成果，通过小组交流，展示整本书阅读成果，为后续阅读活动、生态建设打下基础。开设空中课堂，建立《史记》阅读读书群，邀请青大研究生参与。采取"任务导读 + 讨论"模式，线上阅读持续 30 周，完成学生作品集《三十四中学生这样读〈史记〉》。区域内部分有情怀教师自主参与到名著阅读实践中。

（三）融合探究阅读阶段（2016 年 7 月—2017 年 7 月）

为解决名著阅读见效慢、推广难等问题，教师开发名著阅读课程资源，与教材单元融合，对标课内阅读、写作，形成名著与教材深度融合，缩短了名著阅读见效的周期。在全国 STEMA 学校课程建设学术会议上做经验交流。在青岛市市北区课程建设推进研讨会上展示《狼图腾》一课，并在会上做了名著深度阅读实践报告，学生成绩提升明显，得到家长认可，打通家校阅读壁垒。其模式实现从一校研究到区域推广。

（四）名著阅读课程化阶段（2017 年 7 月至今）

以立项研究青岛市"十三五"规划课题《名著阅读课程化的实践研究》为契机，对阅读课时、内容、策略、方法、评价等总结提升，形成了名著阅读课程化体系，有效地解决了名著教学无序、活动化等问题。2017 年 8 月以来，该项成果在整个区域内及山东淄博、河北北戴河、江苏扬中、新疆以及新疆生产建设兵团得到推广实践。完成《名著阅读课程化的实践研究》专著，在《中学语文教学参考》等核心期刊发表论文 10 篇。2020 年获得青岛市教育科研优秀成果特等奖。

第四阶段 (2017至今)
问题: 教学无序、活动化
方法: 名著阅读课程化
措施: 目标、内容、实施、评价
影响: 区域内学校整体推进

第三阶段 (2016-2017)
问题: 见效慢、推广难
方法: 融合+探究
措施: 主题、阅读、写作融合
影响: 区域内教师、家长积极响应

第二阶段 (2015-2016)
问题: 肤浅化、碎片化
方法: 思辨阅读
措施: 主题引领、议题深入、活动助推
影响: 区域有情怀教师实践

第一阶段 (2014-2015)
问题: 不读书、不愿读书
方法: 乐读、多读
措施: 推荐书目、多彩读书活动、书香校园建设
影响: 一人一校

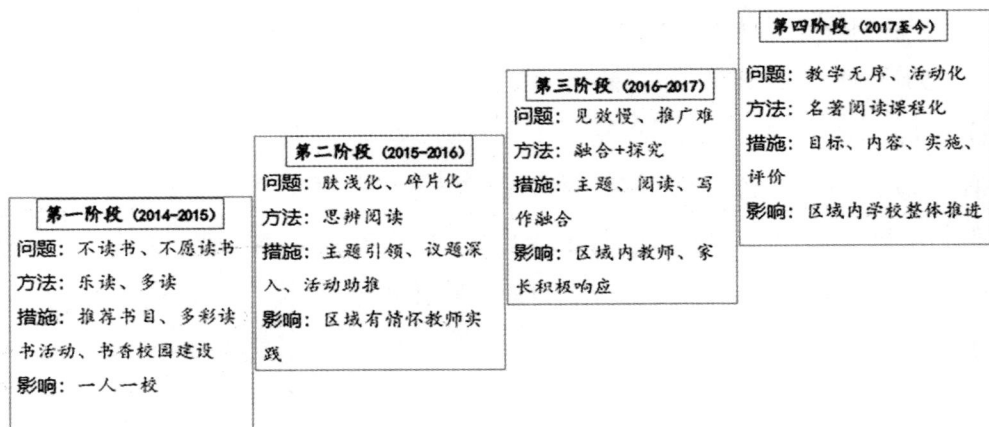

图1 《思辨·融合·课程: 初中名著深度阅读的探索与实践》阶段示意图

年级	必读	选读（寒暑假）	互联网+阅读
七上	《狼王梦》《草房子》	《朴槿惠: 绝望锻炼了我》《小王子》《威斯汀游戏》《假如给我三天光明》	《史记》选读
七下	《哈利·波特与魔法石》《城南旧事》	《青铜葵花》《老人与海》《时间机器》《呼兰河传》	
八上	《我们仨》《青春之歌》	《追风筝的人》《狼图腾》《穆斯林的葬礼》	《三国演义》
八下	《红岩》《活着》	《汪曾祺小说选》《边城》《欧亨利短篇小说选》	
九上	《目送》《今夜有暴风雪》	《简·爱》	《红楼梦》选读
九下	《苏东坡传》	《麦田里的守望者》《平凡的世界》（三册）	

图2 三十四中推荐书目

年级	身心特点	阅读指向	书　目	目标
七年级	少年时期，直观感性阶段	情节	《朝花夕拾》《西游记》《骆驼祥子》《海底两万里》	打开阅读兴趣之门
八年级	从感性走向理性。情感易波动	情感	《红星照耀中国》《昆虫记》《傅雷家书》《钢铁是怎样炼成的》	价值引领
九年级	理性深刻	情理	《艾青诗选》《水浒传》《儒林外史》《简爱》	自主建构、内化经典

图3　初中名著梯度阅读计划

三、成果的主要内容

本成果全面系统总结了初中名著深度阅读的七年探索与实践。2014年以来，团队从学科育人思想出发，以语文核心素养为指向，以课标名著阅读要求为依据，以教材12部名著为载体，以名著深度阅读实施为路径（图4），逐渐形成了以"思辨·融合·课程"为体系的名著深度阅读模式，促进了学生全面发展。

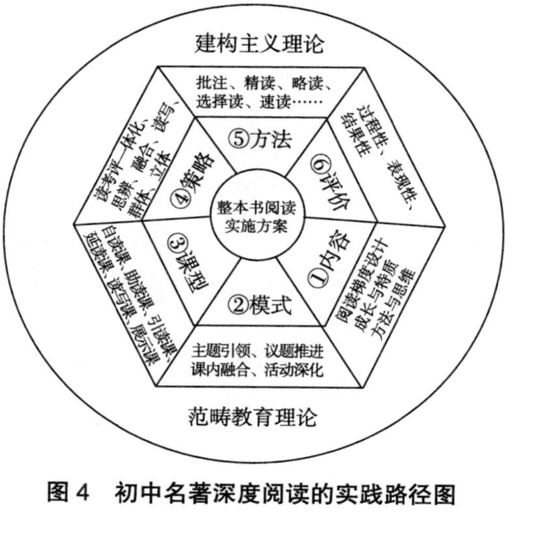

图4　初中名著深度阅读的实践路径图

（一）优化策略，思辨阅读，从走近名著到走进名著

主题引领　整本书的主题是多元的，在尊重学生认知与接受水准的基础上，围绕其中一个"人文性"的主题展开抛锚式阅读，实现初中名著阅读课程化育人功能。确立体现作品核心内涵的主题，难易适中，以主题为统领，设置"结构性议题"，为学生"发现"与"思考"提供阅读支架与路径。教师通过充分研究学情，研究学生现实和未来的需要，研究初中名著阅读的特质，找到最佳切入点，利用最近发展区理论，采用支架教学促进学生实现有意义建构。

议题推进　主题是全书的观点，议题是从多角度证明观点的论据或分论点，主题引领，议题推进，条理清晰，论证缜密，从逻辑上看，有利于培养学生逻辑思维。从阅读策略上看，"主题引领，议题推进"（图5）拓展学生阅读的空间，从书里到书外，从读到写，积累建构运用语言。同时改变过分注重情节、形象、主题的读书方法，引导学生思读结合，走向思辨阅读。从阅读的成长功能上看，还为学生展示了整本书主题的多元，启发学生意识到世界的丰富多彩，在未来能够全面客观地看待客观世界，从而引导学生树立正确的世界观、价值观。

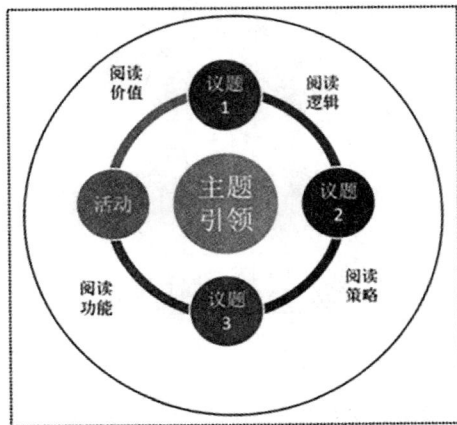

图5　"主题引领，议题深入"结构图

　　活动助推"活动助推"是整本书阅读实施最重要的方式，也是建构主义学习理论中会话的重要体现。处于青春期的学生，更加渴望来自他人的共鸣、认同和欣赏，活动为学生提供了充分的交流和展示机会，有助于学生提升自我认同感和群体归属感；依据学习金字塔理论（图6），在生生互动、小组互动、师生互动的交流讨论中，促使学生理解、分析、综合、比较、概括、抽象、推理、论证、判断等思维能力得到全面提升。

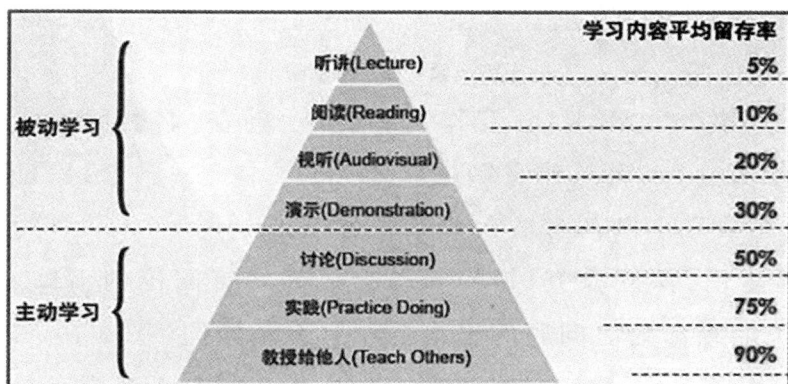

图6　学习金字塔示意图

　　从"走近"到"走进"学生从阅读开始到与同伴、教师、世界对话，不断拓展认识深度，在生生互动、小组互动、师生互动交流讨论中，促使理解、分析、综合、比较、概括、抽象、推理、论证、判断等思维能力得到全面提升。学生从注重情节形象的浅层阅读，走向发展提升素养的深度阅读，实现从走近名著到走进名著转变。

（二）融合课内，探究课外，从相对独立到相得益彰

　　与单元融合，助名著行稳　一是主题融合，挖掘名著阅读主题，链接单元主题，二者形成一个共同的主题场域，为后续对话交流做铺垫。二是写作融合，名著呈现出广阔的写作场景，且名著中的写作视角全面，教材单元写作重点在名著中都可以找到映射点，可以在阅读名著中专项提升写作能力。三是阅读融合，将教材单元的阅读能

力提升点（一课一得），纳入到特定的名著阅读中，转变名著的身份，使其成为单元教学的专项延伸拓展。

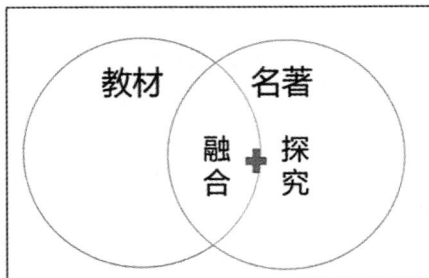

图 7 融合探究示意图

通过与教材单元主题、写作、阅读方法融合，名著阅读成为教材重要组成部分，二者从原有割据状态，走向了统一融合，保证读考评一体化，解决了名著阅读收效周期长弊端。

问题驱动，深度探究 好的问题会成为名著阅读的引擎，驱动学生走向作品纵深处。问题的提出要注意三个导向（图 8）：一是思辨导向。优质问题往往牵一发而动全身，对于学生阅读探究具有持续吸引力。思辨性问题以其角度多元，思考深刻，动力十足的特点往往能辐射的章节广泛，串联的问题丰富，引发的思考多维，产生的思想碰撞激烈。二是角色导向。情境认知理论认为知识是蕴含于情境之中的，学习的设计要以学习者为主体，通过参与实践促成学习和理解。在作品阅读中，我们可以设计类似"如果你是……，你会……"的模拟问题。三是连接导向。名著由于语言场景宽广，文化现象丰富，人物关系错综，也容易使读者迷失自我，丧失独立判断，可通过链接性驱动问题，引领读者跳出名著看名著，从而对作品做出更加客观地评价。

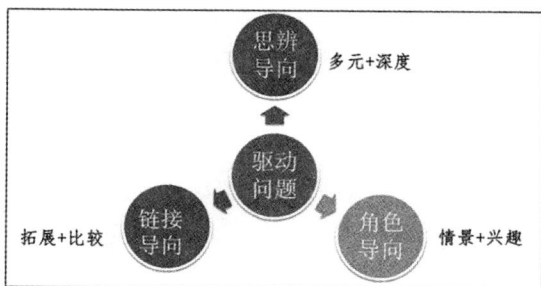

图 8　驱动性问题设计的三个导向示意图

（三）统筹课时，聚焦要素，从阅读活动到阅读课程

重构语文课程资源　将名著阅读纳入语文课程体系，突破以教材为主的课程观，形成以语文素养为核心，以"教材阅读、名著阅读"为课程内容的两位一体语文课程体系。在课程实施中，注重"一课一得（教材）、一书一法（名著）"与融合探究策略。在课时安排实施"四二制"，每周 4 课时用于教材教学，2 课时用于名著阅读教学。

明晰名著阅读价值　单篇阅读承载基础性阅读功能，教学中指向具体的阅读规律方法，简而言之指向考试性阅读。群文即多个文本，往往围绕同一个主题、针对某一种现象，或为完成同一项任务形成相互支撑的思维架构。所以在群文阅读中，互文性阅读很重要。初中名著阅读课程化更多的是培养研究性阅读能力。学生带着研究的视角，围绕一个问题或一个主题，从某一个角度研究性去读一本书。随着年龄的增长，可以再换一个角度重读这本书，将会有更大的收获。

落实名著课程要素　一是课程目标，名著阅读以统编十二本名著为载体，以研究性阅读为主要方法，以引导学生热爱阅读、热爱思考、热爱写作，培养终身的阅读者为目标。二是课程内容，阅读书目分为精读书目和略读书目，分别从"成长与特质"、"方法与思维"、"实践与活动"三个维度做好顶层设计（图 9、10、11），为学生设计系统化的阅读路径。三是实施方案,主要依靠建构主义学习理论指导,包括阅读模式、阶段、课型、策略、方法以及评价六个部分。四是评价方法,主要包括过程性评价、结果性评价和表现性评价。

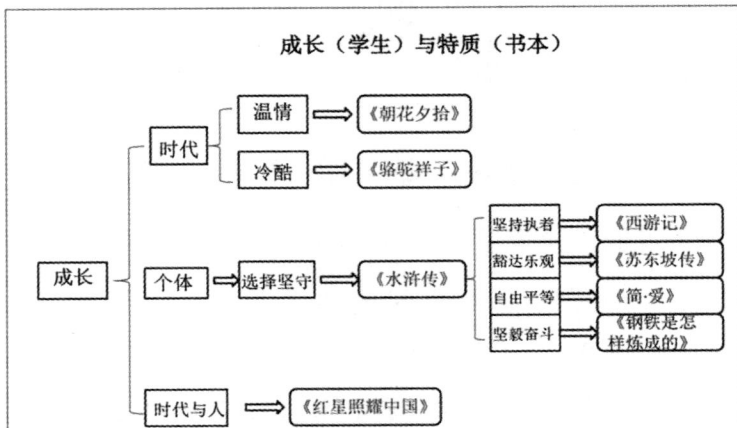

图 9 "成长与特质"阅读书目顶层设计图

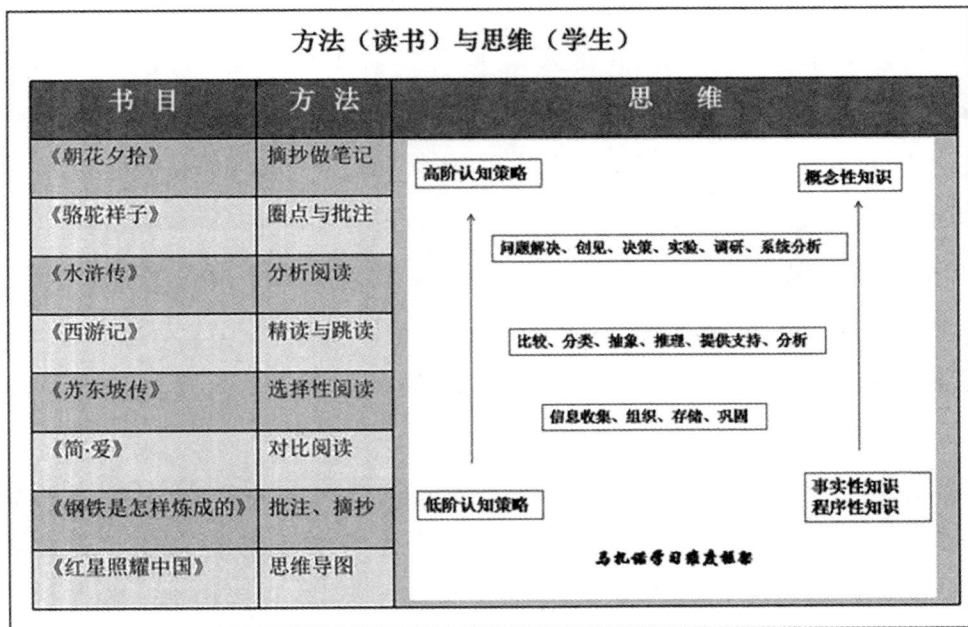

图 10 "方法与思维"阅读书目顶层设计图

实践与活动

作品题材	名著	导读篇目	读书活动	阅读方法
讽刺小说	儒林外史	范进中举	辩论赛	选择性阅读
书信体	傅雷家书	傅雷家书两则	一封家书	
科普作品	昆虫记	蝉、绿色蝈蝈	我的昆虫记	
现代诗歌	艾青诗选	我爱这土地	朗诵比赛	
科幻作品	海底两万里	海底漫步	绘航行图 写航海日记	

图 11　"实践与活动"阅读书目顶层设计图

（四）五种课型，螺旋上升，从浅尝辄止到行稳致远

整本书阅读遵循的是"读之前，读下去，读进去，读出来"这种循序渐进，螺旋上升的认知过程。学生从阅读开始到与同伴、教师、世界对话不断拓展认识的深度，到对自我知识的建构，写出自我独特感悟结束，教师在此过程中起到的引领提升作用，是学生自主学习的帮助者。具体课型如下（图 12）：一是自读课。倡导学生与文本对话。在自读课中，学生可以批注阅读（概括式、评价式、分析式、想象联想式），记录下疑问。此课例主要对应的是作品通读阶段，如在阅读《西游记》时，学生找到近六十个问题，这些问题涉及作品的方方面面，可见学生阅读之广泛深入。二是助读课。鼓励学生与学生之间对话。自主合作探究既是新课程标准的要求，也思想的纵深处，亦可生发新的疑问，促进学生思维的发展和知识的有意义建构。四是延读课。搭建学生与世界对话的平台。教师给学生推荐与作品有关的影视作品、相关评论、创作背景等，将学生推向一个更高的视角平台，引导学生与世界对话，立体多维地审视作品。五是读写课。展

示学生阅读收获的舞台,是以读促写的落脚点。学生用探索性写作展示自己的思考和创作,促进自我成长。

整本书阅读课型

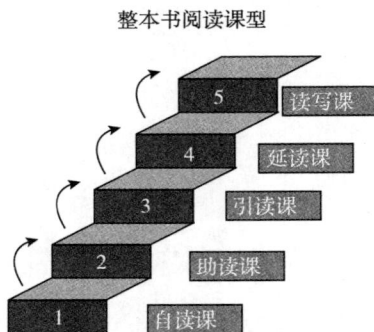

图12 五种课型螺旋上升示意图

名著阅读的五种课型与阅读过程、策略有机结合(图13),引导学生从自我开始,到与同伴、教师、世界对话,直至表达自我独特感悟结束。在这样的阅读过程中,学生始终成为学习的主体,教师是学习的帮助者。最终学生不断丰厚对作品的理解,深入挖掘作品的人生内涵,促进知识的有意义建构,提升素养,实现名著阅读价值最大化。

名著阅读策略、过程、课型示意图

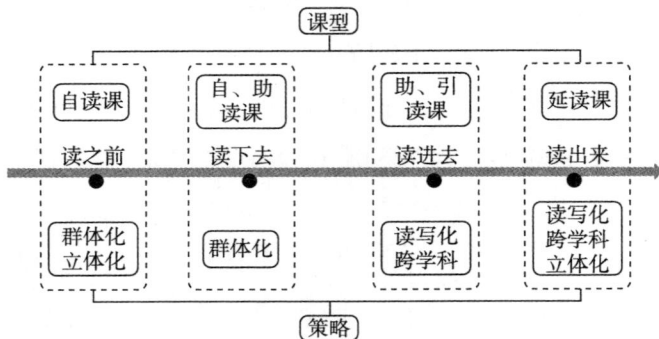

图13 名著阅读策略、过程、课型示意图

(五)自主建构,多元评价,从禁锢思维到提升素养

尊重阅读个性 教师成为学生学习的帮助者、鼓励者、引导者,通过制定恰当的学习支架,使学生的思维紧紧围绕探究主题主线进行。

学生成为阅读主体,在学生已有认知和身心发展特征的基础上,教师通过运用抛锚式阅读、支架式阅读、随机进入式阅读、范例式阅读等策略,尊重学生的个性差异,课堂问题聚焦,生成较多,思辨性强。

评价方式多元　理想的名著评价应由注重识记转为理解分析应用,评价应该是多元的。从评价能力层级看,关注学生"独立思考"与"自主评价"的高阶能力。使得以往那种"突击式""快餐式"的投机取巧之法难以奏效。结合教学实践,名著阅读评价应体现思维能力、阅读方法、文本特征、整合阅读原则。如学生就某一话题,在不同文本间分析、综合、评价,得出自己独立观点,这种考题,对学生思维层级和阅读要求都比较高,有助于考查学生发展的核心素养。

评价类型多样　主要有过程评价,表现性评价和考试性评价。过程评价主要是搜集反映学生名著阅读过程和结果的资料。如阅读档案袋(图14)、读书笔记、阅读小论文、研究性学习报告、创意性阅读与写作、提出有价值的问题数量等,并对这些资料进行量化考核(图15)。表现性评价是指教师让学生在真实或模拟的生活环境中,运用先前获得的知识解决某个新问题或创造某种东西,以考查学生知识与技能的掌握程度,以及实践、问题解决、交流合作和批判性思考等多种复杂能力的发展状况。结果性评价是利用学期末或单元检测,对学生综合运用语言能力进行最终评价。测试题没有设置绝对的评价标准,学生的作答可以得到教师同伴认可,极大激发了学生阅读的积极性。评价的主体有老师、有学生、有自己,评价的结果更加准确。

《青春之歌》阅读档案袋	
1. 阅读进度表	
2. 作品集	（1）读书笔记（　）篇
	（2）研究性小论文（　）篇
	（3）讨论记录（　）篇
3. 荣誉榜	（1）读书笔记（　）篇
	（2）是否是名著阅读十佳
	（3）综合性学习活动奖
4. 其他	

图 14　阅读档案袋

"读前－读中－读后"评价量表

课段	评价目标	评价内容	评价等级（分数）	评价主体
读前	搜集文学作品的作者、作品内容及相关的资料	1. 完成调查问卷 2. 搜集整理文学作品的作者、作品内容及相关资料	A（10分）□ B（8分）□ C（6分）□ D（4分）□	师评 自评
读中	1. 通读整本书 2. 运用精读、略读、跳读、做批注等方法进行阅读 3. 理清小说的情节脉络及人物关系 4. 概括小说的主要内容，分析人物形象，理解作品的主题 5. 鉴赏文学作品，有自己的情感体验，领悟作品的内涵，品味作品中富于表现力的语言，丰富自己的精神世界 6. 对文学作品的内容和表达有自己的心得，能提出自己的看法 7. 与同学合作、探究，分享所得，参与课堂讨论，清晰表达自己的观点 8. 保质保量完成阅读任务	1. 通读整本书，进行批注式阅读 2. 概括小说每一章节的主要内容 3. 摘录精彩片段，并赏析 4. 完成阅读任务单 5. 分析人物形象 6. 创作手抄报或思维导图、人物关系图 7. 撰写人物传记 8. 课本剧编排 9. 制作名片、海报等 10. 开展辩论会。 备注：评价内容根据每节课阅读任务的不同，灵活选择，进行评价	A（10分）□ B（8分）□ C（6分）□ D（4分）□	师评 自评 互评

课段	评价目标	评价内容	评价等级（分数）	评价主体
读后	整合整本书阅读,反思总结阅读过程中出现的问题,听取他人的意见和建议,调整阅读方法	1.母题的研究(专题研究任务单) 2.撰写书评 3.完成小论文 4.完成读书报告 5.完成读书总结 6.开展读书交流会 7.开展知识竞赛 8.名著知识小测试。 备注:评价内容,灵活选择	A（10分）□ B（8分）□ C（6分）□ D（4分）□	师评 自评 互评

四、成果创新之处

（一）形成了名著深度阅读系统策略

形成了文化引领、生态建设、多种阅读方法、多彩阅读活动、多元阅读评价的系统深度阅读策略。发挥了名著应有的育人功能和学科价值,有效解决了名著阅读体系不完善、碎片化、肤浅化现实问题。该策略兼具基础性、基本性和范例性特点,可借鉴、可复制、可推广。

（二）找到了"读学评"一体化的新方法

"融合＋探究"阅读策略勾连起课内与课外。课内融合,使名著阅读成为教材重要组成部分,避免二者相对独立、对立;课外探究,实现了名著阅读与单篇、群文不同阅读价值的特质,避免重复性阅读。"融合＋探究"阅读方法,保证读学评一体化,解决了名著阅读低效、收益周期长弊端。

（三）探索了名著阅读课程化的可行性

本研究在阅读模式、阶段、课型、策略、方法及评价等方面做了有益的探索实践。阅读目标明确,阅读内容科学有序,阅读方式多样,阅读评价多元,已经具备了课程要素雏形,为下一步名著阅读课程化研究做了有益的探索。

(四)构建了新的语文课程体系

重新构建语文课程资源,将名著阅读真正纳入语文课程体系,突破以教材为主的课程观,形成以语文素养为核心,以"教材、名著、活动"为课程内容的语文课程体系。

五、效果与反思

(一)效果

1. 提升了教师学科专业素养

实践教师专业水平不断提升,编写出版《<水浒传>思辨读写一本通》《悦读》第一集、第二集3部,其他教材7部。教师在核心期刊发表论文10余篇。该项成果获得青岛市教学科研成果特等奖,完成相关市级规划课题1项。开设区级以上公开课6节,获奖课例12节,经验交流19次。团队首席教师获评青岛市拔尖人才、齐鲁名师、青岛市名师工作室主持人。其他成员获评齐鲁名师、青岛市名班主任工作室主持人、区级名师等称号。

2. 搭建了提升学生语文核心素养的平台

8年来,参与实践的师生有2万余名,同学们读了近20部作品,人均完成近6万余字读书笔记,已结集成册《草房子里的少年梦》《童眼看西游》《理想在黑暗中挣扎》《多学科解读<西游记>》等8部,思维导图汇编1本,手绘报汇编1本,读后感汇编1本。实验校有近200名学生在名著阅读素养展示活动中获奖。学生学习成绩大幅提高,对2015级学生三年语文成绩监测发现:该级学生从入学在市北区基线测试的11名跃居到中考前的前5名。

3.实现了名著阅读课程化教学

各实验校每周开设 2 节名著阅读课,基本实现名著阅读教学系统化、课内化、固定化。名著阅读课程不仅有具体明确的目标、合理恰当的阅读书目与计划进度、真实有效的活动过程,而且还有多元化的适合学生学习方式与表现性评价任务跟进。同时重塑语文教研文化,由课文教学走向名著阅读指导,以实施初中名著深度阅读作为校内、区域教研活动的重要内容。教师研发名著助读系统丛书《名著中的人生密码辅助用书》,设计《水浒传》《草房子》《骆驼祥子》《海底两万里》《红星照耀中国》等 80 余节。

4.扩大了实验学校成果的影响力

《大众网》《青岛晚报》《青岛电视台》《兵团日报》等 5 家媒体对此教学成果进行报道。市北实验初中荣获 2020 年青岛市中小学阳光校园校园文化建设示范校。实践成果在青岛市区、胶州、城阳、淄博、新疆等地得到推广应用,极大提升了实验校师生的综合素养,扩大了实验学校的影响力。实践教师应邀去河北、江苏、广东、新疆等地做报告 10 余场。

（二）反思

1.加强培养学生自主阅读的能力

在阅读过程中,教师要鼓励引导学生进行自主阅读,深切地融入文本,思考、探究、感悟,进一步提升学生自主阅读的能力。

2.评价方式更加精细化,系统化

在今后的研究中,我们会从传统的名著阅读教学当中吸取有益的经验,对名著评价方式进一步探索,将评价方式更加精细化,系统化,根据评价结果进行及时调整,使学生阅读素养在评价中得以提升和完善。

参考文献

［1］M.J.阿德勒.如何阅读一本书 [M].上海：上海译文出版社，
　　1991.

［2］布鲁克斯.建构主义的课堂教学案例 [M].北京：中国轻工业
　　出版社，2005.

［3］褚树荣，黄会兴.整本书阅读与研讨 [M].上海：上海教育出
　　版社，2018.

［4］杜威.我们怎样思维.经验与教育 [M].姜文闵，译.北京：
　　人民教育出版社，1991.

［5］范捷平.德国教育思想概论 [M].上海：上海译文出版社、
　　2003.

［6］加依.柯蕾.建构主义学习设计 [M].宋玲，译.北京：轻工
　　业出版社，2008.

［7］罗浩宇.我们一起读名著 [M].北京：人民出版社，2018.

［8］莱斯利·P.斯特弗.教育中的建构主义 [M].高文，徐斌燕，
　　程可拉，等，译.上海：华东师范大学出版社，2004.

［9］皮亚杰.发生认识论文选 [M].左仁侠，译.上海：华东师范
　　大学出版社，1991.

［10］王荣生.阅读教学教什么 [M].上海：华东师范大学出版社，
　　　2016.

［11］于树泉 吴凌.人大附中学生这样学语文 [M].北京：中国青
　　　年出版社，2015.

［12］余党绪.经典名著的人生智慧 [M].上海：上海教育出版社，
　　　2014.

［13］余震球．维果茨基教育论著选溯［M］.北京：人民教育出版社,2006.

［14］张建伟,孙燕青．建构性学习：学习科学的整合性探索［M］.上海：上海教育出版社,2005.

［15］郑惠生．文艺学批评实践［M］.广州：广东高等教育出版社,2017.

［16］白丽．"整本书阅读"的教学实践与反思［J］.上海课程教学研究,2018（12）：51-54.

［17］管贤强．创新学习任务单：整本书阅读教学的关键［J］.语文建设,2018（03）：9-1.

［18］李卫东．混合式学习：整本书阅读的策略［J］.语文建设,2016（9）：12-15.

［19］李卫东.名著阅读：语文教学的"正规战"［J］.语文教学通讯,2008（2B）：4-7.

［20］李煜晖．略谈整本书阅读课程方案的设计［J］.中学语文教学,2017（02）：8-10.

［21］王春晶．关于整本书阅读教学的思考与实践：以《红楼梦》阅读教学为例［J］.中学语文教学,2017（10）：24-26.

［22］王立．整本书阅读的实施困境及课程模式选择［J］.教学与管理,2018（25）：54-57.

［23］吴欣歆．语文课程视野下的整本书阅读［J］.课程·教材·教法,2017（5）：22-26.

［24］吴欣歆．阅读整本书,整体提升语文学科核心素养［J］.中学语文教学,2017（01）：11-14.

［25］徐鹏．整本书阅读：内涵、价值与挑战［J］.中学语文教学,2017（01）:4-7.

［26］徐玉根．初中名著阅读课程化的思考与实践［J］.教学月刊：

中学版（杭州），2016（Z1）：29-31.

［27］余党绪 . 整本书阅读或可成语文教改的发动机［J］. 语文学
习，2017（10）：4-9.

［28］余党绪，叶开 . 为什么我们都主张"整本书阅读"[J]. 语文
教学通讯，2016（Z1）：15-19.

［29］余党绪 ."整本书阅读"之思辨读写策略 [J]. 语文学习，
2016（07）:12-17.

［30］郑桂华 . 整本书阅读：应为和可为 [J]. 语文学习，2016
（07）:4-8.

围城：在进与出之间寻找生命的乐章

2015 年 7 月，在马鹏业校长的带领下，我和我的团队进行了"陆海空"多维语文课程研究。其中的"海"就是整本书阅读，从这个角度看，至今我们在整本书阅读实践中已经走过了七年。

这七年的实践研究是艰辛的，团队教师利用八个寒暑假与无数个双休日编写校本教材；这七年的实践研究是曲折的，在实践中无数次的碰撞交流、推翻重建，甚至是迷茫绝望；这七年的实践研究是充实的，我们得到了国内教育专家的指导与帮助……

望着眼前的书稿，她是我这七年辛辛苦苦的收获，她或许是干瘪的，还不够成熟，但每一粒都是我精心浇灌的。掩卷沉思，回顾自己的职业生涯之路，感慨万千，一路走来，磕磕绊绊，幸遇良师益友一路扶掖鼓励，帮助我走到今天……

1998 年 7 月，师范大学中文系毕业后，我回到了我的故乡青山沟中学。那是一所农村中学，师资力量薄弱，我怀揣着教育梦想投入到了教学之中。在 1998 年前，师范毕业生包分配是天经地义的事情，身为农民和矿工的父母为了我读大学已经欠了很多外债，我参加工作终于可以让这个贫困的家庭有了一点希望。

工作月余，校长告诉我，教师工资是财政拨款，目前财政已欠教师工资多年，财政不允许学校进新教师。这于我好似晴天霹雳，已经工作一个月了，本来就是包分配的，这让我无法接受。经过了种种争取之后，还是无半点希望。毕业就失业，也许曾经光鲜的大学生，如今却成了一个戴着厚厚眼镜不会种田，不会上山打柴的花瓶。最沮丧的还是我的父母，为了供给我读书，憨厚朴实的二老，三年来起早贪黑，省吃俭用，还不得不低声下气地几乎向亲戚和邻里借了个遍，而如今……

外出打工，是我仅剩的唯一的念头。1998年8月，我来到了青岛，在大街上发过广告，爬过楼梯往居民的房门上塞过小广告，住在狭窄幽暗的棚户区，食不果腹，那段时间我遭遇了人们的种种冷眼。现在回想起来，也要感谢那段人生经历，它让我对现在所拥有的一切都怀有感恩之心，无比珍惜现在的工作生活。

1998年9月，我顺利应聘到了平度一家私立职业中专，月薪三百元。这是一个几乎吃不饱饭的工资待遇，但工作是教师，这是一个我热爱的职业。

也许因为自己勤奋努力地工作得到别人的认可，也许一个大学毕业生竟然养活不了自己得到了别人的同情，那所学校的一位英语老师把我介绍到了校址在即墨的青岛兴华学校。那是一所民办高中学校，在这里我遇到了工作后的第一位人生导师——李廷佳老校长。在此，我得到了老校长及其夫人无微不至的关怀。特别是业务上，老校长手把手地指导教诲。他患有严重的心脏病，呼吸都困难，可他经常拎着小板凳去听我的课，课后帮我分析得失，提出改进措施。在老校长的指导下，我的业务得到了极大地提升。

2003年7月，因原校址被德州科技学院购买，兴华学校分流，我不得不到青岛市区谋生。为了应聘青岛超银中学，可谓一波三折。我从平度家里先后坐车四次来青岛。前三次，均是约好试讲，来后校长临时没时间安排,直到第四次,校长终于让我试讲并录用了我。当时走在青岛超银的校园里,我立下志向,将来我一定会成为让校长刮目相待的骨干教师。当然还要感谢超银,它让我在高手如林的校园里摸爬滚打了七年,从一位普通的语文教师成长为青岛市教学质量最高学校的语文教研组长,我的业务得到了再次提升。

在这里我遇到了对我影响深远的第二位人生导师——李金霞老师。李老师严谨的治学态度,宽厚慈悲的为人给我树立了光辉的榜样。对于我,李老师更是严格要求,精益求精,使我的业务水平达到了新的高度,并成为区名师工作室主持人。

2010年7月,我通过考录顺利进入到了青岛第三十四中学。由于我所在的私立学校是青岛市最好的民办学校之一,这所学校一个班级中考考上青岛二中的人数,近乎是当时市北区所有公办学校的总和。我新入职的青岛三十四中是老城区的一所薄弱学校。生源的巨大差异让我在公办学校找不到教师的成就感。

经过一段时间的调整,不服输,追求上进的我给自己定了一个目标:要让公办学校的学生与民办学校学生成绩相仿。

我积极勤奋地工作三年,所担任班主任的班成为学校人数最多的班级,这增加了我班级管理的负担,也给我带来巨大的心理压力。

就这样坚持了三年,努力了三年,2013年我所带的班中考成绩取得了学校中考历史性的突破,但是与先前民办学校的成绩无法相提并论。我的挫败感再一次增强。经过这三年的辛勤我已经不堪重负,恰逢有一个能更好发展的机会,我萌生另去他校的想法,时任领导坚决反对。当时我甚至想辞职,再回到相对简单的民办学校。但是前期辛勤地付出投入,家人的劝阻,我还是决定留下来,只是专业成长陷入停滞状态。

如今,再回首这段往事,我发现我碰到的问题是对职业价值理解的偏差以及自我积极进取的性格、强烈的自尊与原学校治校理念的冲突。从另一个角度思考，原学校领导处于职业保守期，他不想改变学校现状，他对于一位"新入职"教师的重用就是让他承担繁重的教学任务，解决学校棘手的师资质量不高现实，缓解来自于上级和家长提高教学质量的压力。在这样的换位思考中，我对原领导的做法也能理解。

在后来的同学聚会中，程建华师弟问我："今后再碰到这类事件该如何处理？"我想我不会向原来那样极端，我会更多从自身的环境中寻求突破，寻找生长点。

2015 年，学校领导进行调整，齐鲁名校长马鹏业来青岛三十四中任职。马鹏业校长是青岛教育界的改革派，他在原学校青岛四十四中推行"亦师亦友"的教学改革在全国享有盛名。

马校长来到三十四中后大力推行"学立方"课程改革，马校长说，基础教育不是精英教育，就是要为未来社会培养合格公民。学校针对学情，提出构建适合学生全面个性发展的校本化课程。

当时学校的大部分教师处于职业倦怠期，不愿意跳出职业舒适区，对改革畏手畏脚，抵触情绪颇多。为了转变教师的教学理念，2015 年暑假，校长带领大家去广东学习生本教育。在广州期间，我和校长做了一次专业交流。我对现有语文课程出现的问题以及学科课程建设提出了自己的一些想法。我的想法得到了校长的大力支持。在与校长深入交流中，我对职业幸福感和成就感的理解有所转变：基础教育就是要培养未来的合格公民，追求教育公平、有教无类，在思想和行为上转化一个学困生也是一件很有成就的事情。我从自我怀疑期重新步入了积极参与期。

有了好想法，又得到了校长的大力支持，回青后，我立刻带领年级组三位教师开始了"陆海空"多维语文课程体系的构建与实践。

在实践中，我得到了崔显升、胡晶两位同事的鼎力支持。在校本课程编写中，我们请来了人教版教材编写专家程翔老师，青岛大学周潇、王有升教授作为我们的学科指导专家。

2015 年，全国大概有多种版本的语文教材，如人教版、鲁教版、苏教版、粤教版等，教育主管部门提倡国家课程校本化。在教学实践中，我们开发并使用校本课程《悦读》。家长提出了异议，区教研员和兄弟学校的同行们对此也保持了高度的怀疑。作为实践教师，我们承受了巨大的压力。

这时，马鹏业校长果断地站出来为我们打气，对我们给予了充分的信任。马校说，创新就是比别人早走一步，快走一步，多走一步，任何改革初期都是面临巨大的阻力的，只要我们顶层设计没有问题，坚信会柳暗花明。

另外，我们的实验班级可以不参见区域统一检测。校长说，因为我们对课程进行了重组和再造，教学进度内容等与其他学校不一致，如果参加了考试势必会影响我们的教学成绩。这样，我们每考一次，改革的步伐就会慢一点，力度就会缩一点。几次考试下来，我们的改革就会止步不前。校长说，你们尽管大胆实践，出了任何差错，都有我来承担。

回首过去，再看这段话语，马校长表现出来魄力勇气以及前瞻性，让人折服，不愧是齐鲁名校长的视野格局。

校长的话语给了我们巨大的鼓舞，我们对自己的课程有信心，我们有这样有情怀的好校长的信任支持，怎么有理由退缩呢？开弓没有回头箭，大胆往前闯，闯出一片语文教学的新天地。

随着时间推移，进入实践团队的教师越来越多，新的困难又显现出来了。新加入实践教师畏难情绪，理念差异，对前途的迷惘，又成为团队前进的阻力。团队中还出现了一些假实践教师，阳奉阴违。我对我的同事产生了抱怨，他们一边与我在实践中享受课程改革的红利，一边抱怨我的课程改革。当然现在回首往事，我对同事们的行为表示了深深的理解甚至是歉意，他们似乎被我胁迫到这艘课程改革的航船之上,跟着我踏上了一条他们不知去向的艰难旅行。我的存在,打破了他们原有的工作节奏,无形中给了他们巨大的压力。

我想在"陆海空"多维语文课程体系构建与实践中,除了校长,另一个承受巨大压力的人就是我,改革到底能否成功? 能否对得起校长的信任? 能否对得起团队教师、家长、学生的信任?

扩大阅读量,建构学生完整的阅读体系的语文教学方向是经过专家论证的,既然理论没问题,我坚信实践中只要坚定执行就不会有问题。带着这样一种坚定的信心与对教育的热爱,我负重前行,矢志不渝。

为此,我们团队在学科专家的引领下,坚定方向,大胆实践;在一册一册的编写中,我们明确理念,清晰课程体系框架;在一次一次的集备中,我们交流统一思想;在一次一次的评优、课题研究中,团队教师学生享受到课改的红利;在领导一次一次的鼓励中,我们振作士气,勇毅前行……

这一段时间,我学习方式发生了改变,由原来的被动学习到有目标低积极主动学习。我阅读了关于课程原理、目标、教学论等专业书籍;在青岛市教育科研访学站和青岛市名师培养工程期间,我成为了积极主动的学习者,我会利用一切机会向专家请教我在课程建设和实施中碰到的难题。在专业学习以及专家的帮助下,我和团队不断编写、实践、修正《悦读》课程。

就这样,2015 年至 2018 年,连续三年、六个假期,怀着对教育的情怀热爱,我们团队(七、八、九年级)开发校本课程《悦读》六册,并在教学中大胆完整地实践了一个轮次。

在 2018 年中考中,我校的语文成绩较入学基线测试有了较大的提高,中考语文学科成绩在区域创下历史新高。我们的《悦读》教材被评为青岛市精品课程,获得山东省优秀课程整合案例二等奖。2019年,《悦读》教材由青岛市教科院全额资助在山东教育出版社出版。

自从与马校 2015 年踏上教育科研道路以来,我本人也进入到职业发展的黄金期先后被评为青岛市拔尖人才,青岛名师、青岛市学科带头人等,入选第四期齐鲁名师培养工程人选;我们团队共有 50 余人次在学科各种评优选先中获奖。

纵观我的阶段职业生涯之路,如果说我个人取得了一点点进步的话,我想究其原因主要有以下几点:

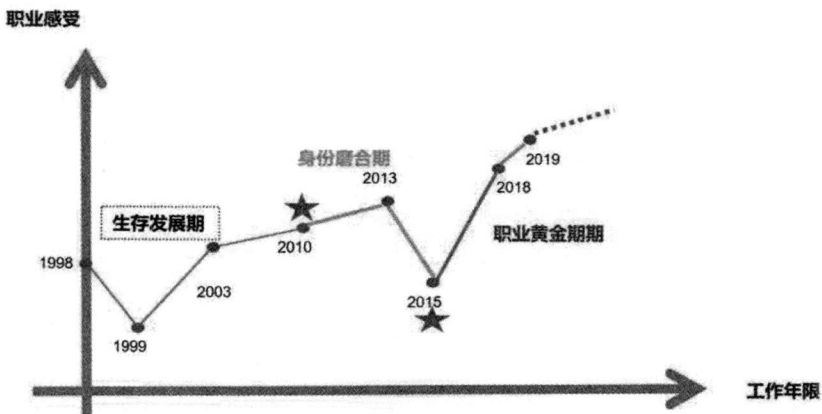

图 1 阶段职业生涯图

一是组织搭建无缝隙成长链条。我先后参加了市北区名师培养工程(2014 年)、青岛市名师培养工程(2016 年)、齐鲁名师培养工程(2019 年),在区、市、省三位一体的名师无缝隙培养链条中,我得到了迅速成长。

二是关键人物的引领扶掖。我于 2010 年正式进入公办教师编制,我的专业成长期是从 2015 年起步的,主要得益于齐鲁名校长马鹏业校长的专业引领和帮助。

三是团队通力合作。一个人会走得很快,一群志同道合的人会走得很远。团队相同的理念、目标会爆发出强大的生产力。我个人成长经历中的许多成果都是团队集体完成的。

四是个体职业追求。我本人有着比较复杂的职业经历,但也铸就了我百折不挠，勇于担当、创新的精神，它成为我执着于走上专业道路的动力。

钱钟书说婚姻就像一座围城，围城外的人想进来，围城里的人想出去。纵观我24年的职业生涯也如围城一般，在民办学校工作时，为了寻求稳定我拼命的想进入体制内的学校，进来之后，又怀恋体制外的自由。我就是在进城出城中，不断寻找，不断学习，不断转变，努力踏上激扬生命的节拍。

在本书即将付梓之际，衷心感谢周潇、赵翠兰教授不遗余力地指导帮助；感谢团队胡晶、崔显升、姜霞、雷丽丽等老师通力合作与无私付出；感谢马鹏业校长对实践研究始终如一的信任与支持。

钟宪涛

2022 年 8 月 29 日